ÉTUDE

SUR

L'ÉCONOMIE PASTORALE

DES HAUTES-ALPES

PAR

F. BRIOT

INSPECTEUR DES FORÊTS.

EXTRAIT DE LA REVUE DES EAUX ET FORÊTS
Novembre 1880 à mars 1881.

PARIS

BUREAUX DE LA REVUE DES EAUX ET FORÊTS

13, RUE FONTAINE-AU-ROI, 13

1884

ÉTUDE

SUR

L'ÉCONOMIE PASTORALE

DES HAUTES-ALPES

Les pratiques pastorales de la population sont ordinairement la cause première des dégradations dont les Alpes présentent le désolant spectacle. Elles ont déterminé l'appauvrissement, parfois la disparition complète du couvert végétal qui jadis tapissait tous leurs flancs et les protégeait contre l'action destructive des phénomènes atmosphériques, action qui s'exerce dans ces montagnes avec une extraordinaire intensité, en raison de l'altitude, du climat et d'une constitution minéralogique particulière.

Favoriser la transformation ou l'abolition des coutumes auxquelles nous faisons allusion, et l'organisation d'une économie rurale nouvelle, capable de concilier les exigences des travaux de reboisement et de gazonnement avec les besoins et les droits des exploitants, tel a été le but des auteurs de l'article 2 du projet de loi relatif à la restauration des montagnes, voté par la Chambre des députés le 22 février 1877, et devenu, d'accord avec le gouvernement, l'article 5 du contre-projet adopté au Sénat en juillet dernier. Cet article 5 est ainsi conçu : « Dans les pays de montagnes, en dehors même des périmètres établis... des subventions continueront à être accordées aux communes, aux associations pastorales et fruitières, aux établissements publics et aux particuliers, à raison des travaux entrepris par eux pour l'amélioration et la consolidation du sol. Ces subventions consistent soit en délivrances de graines ou de plants, soit en argent, soit en travaux... »

Tous les pouvoirs reconnaissent donc unanimement la nécessité d'introduire dans le Code futur du reboisement un principe nouveau, un principe d'encouragements agricoles.

Cette idée sera certainement des plus fécondes, en raison de la relation inévitable et très étroite qui existe, dans nos hautes régions, entre l'agriculture locale et l'exploitation herbagère des sommités, relation si intime qu'aucune réforme ne peut être introduite dans le domaine pastoral et fondée sur une base solide sans être accompagnée d'un progrès corrélatif dans les terrains agricoles proprement dits. Les interdictions de pâturage, mesure indispensable et préparatoire à toute entreprise de reboisements, en fournissent une preuve des plus manifestes. On a beau les restreindre aux pentes presque ruinées, elles excitent néanmoins de vifs mécontentements qui empêchent de les étendre autant qu'il serait désirable. Cependant, le revenu des terrains mis en défens est extrêmement faible : à peine produisent-ils le centième d'une prairie médiocre, souvent beaucoup moins. Mais, en étudiant de près l'existence des intéressés, on reconnaît que ceux-ci ne parviennent à vivre qu'à force de travaux très rudes et de dures privations, qu'il serait trop rigoureux de leur imposer un sacrifice de plus. Et en présence de tant d'infortune, l'Administration renonce librement à accomplir entièrement ses desseins.

Cet antagonisme entre l'intérêt public et certains groupes d'intérêts privés ou communaux cesserait, si toute décision prohibitive était désormais suivie, sur quelques points de chacun des territoires à restaurer, d'améliora-

tions agricoles, auxquelles l'Etat concourrait financière-
ment ; si, en supprimant le pâturage jusqu'après recon-
stitution complète, ou en le réglant sur les terrains épuisés de la haute montagne, on s'appliquait simultanément
à créer des cultures pastorales intensives sur les plateaux,
au bas des versants et dans les vallées, en vue soit de com-
penser les pertes temporaires qu'entraînent les mises en défens, soit même d'augmenter le revenu territorial des communes propriétaires. C'est ce bienfait que l'article énoncé
tout à l'heure permettra d'associer, à l'avenir, aux mesures
restrictives qu'impose la réparation des abus du passé.

Un département appelé à participer largement aux libé-
ralités promises est celui des Hautes-Alpes. Quel accroissement de richesses et quelles garanties conservatrices
en découleront pour ses montagnes ? Nous essayerons de
le faire ressortir de cette étude.

Nous examinerons successivement les compensations
possibles aux suppressions ou réglementations de parcours, et nous espérons déterminer la conviction qu'on
en trouverait de très larges dans la conversion des cultures
de céréales en prairies aux niveaux inférieurs, des prairies
en pâturages aux niveaux supérieurs, et dans la substitution de méthodes zootechniques en harmonie avec la
situation économique du pays à celles en usage aujour-
d'hui.

I. SOL, AGRICULTURE ET POPULATION.

Pour justifier ce programme, il est tout d'abord nécessaire d'établir par un aperçu géologique que le sol de la
région des Hautes-Alpes, qui mérite plus spécialement la
dénomination de *pastorale*, la seule d'ailleurs à laquelle
s'applique ce qui suit, est apte à l'agrandissement des herbages.

Cette région, qui s'étend au nord d'une ligne joignant l'extrémité sud-ouest du Dévoluy à la pointe de la Mazelière au sud des Orres, contient les trois quarts de la superficie du département. Elle est comprise entre 700 et 4000 mètres d'altitude, et appartient orographiquement à deux systèmes distincts : celui des chaînes subalpines qui en occupe le huitième et celui des chaînes alpines.

Les chaînes subalpines renferment quatre sortes de terrains : les terrains nummulitique, crétacé, la mollasse et l'oxfordien.

Les chaînes alpines comprennent aussi quatre zones géologiques. La première, au nord du Drac, formée par le massif du Pelvoux, se compose de granits talqueux et de gneiss. Sur ses bords, ont été relevées d'épaisses assises liasiques, dont on retrouve aussi des lambeaux étendus en couches presque horizontales, en des points très élevés de ce colossal relief. Ces lambeaux ont été soulevés verticalement par des éruptions primitives et sont toujours caractérisés par une végétation pastorale luxuriante. La seconde zone, accolée au flanc méridional des Alpes Pelvoutiques, est formée de grès et d'ardoises d'un aspect analogue aux terrains primaires, quoique d'origine récente, et entrecoupée d'assises calcaires à nummulites ; elle s'étend de Vallouise à Saint-Bonnet, comprenant les montagnes de Largentière, Freyssinières, Saint-Clément, Châteauroux, Réallon, Orcières, etc. ; interrompus par la vallée de la Durance, les mêmes terrains reparaissent à Vars, Crévoux et aux Orres, d'où ils se prolongent jusqu'à Barcelonnette. La troisième zone, à l'est des deux premières, comprend, au nord, des grès, des ardoises et des quartzites intercalés à droite et à gauche entre des masses profondes de calcaires compacts. La quatrième zone est constituée par des assises triasiques

consistant en schistes gris lustrés calcaréo-talqueux, tra-
versés ici et là par des trouées cristallines et qui, sous
l'action métamorphique, ont acquis une texture semblable
à celle des roches de la chaîne talqueuse des Alpes occi-
dentales.

Les propriétés végétales des sols peuvent être déduites
de cette description succincte. La mollasse, les étages crétacé et oxfordien produisent de bons terrains agricoles,
mais trop sujets aux ravinements des eaux pour que les
gazons ne soient pas éminemment utiles sur les pentes.
Aux terrains primitifs convient particulièrement, outre la
culture forestière, celle des pâturages, dont les plantes
s'accommodent très bien des graviers gras résultant de leur
décomposition, qui fixent l'humidité, dégagent des bases
et deviennent féconds sous l'action prolongée de l'herbe.
Les grès à anthracites du Briançonnais et les grès num-
mulitiques se désagrègent assez rapidement; mais l'élé-
ment calcaire faisant complètement défaut aux premiers
et étant peu abondant chez les seconds, ces terrains sont
impropres à la production des blés. Les schistes argilo-
calcaires et calcaréo-talqueux sont remarquables par la
facilité avec laquelle ils se décomposent; les uns et les
autres forment un sol riche et hygrométrique convenant
également aux cultures pastorale et agricole. Enfin, les
calcaires compacts du Briançonnais ne donnent naissance
qu'à la longue à de très minces couches de terre qui ne
se conservent sans abri permanent que dans les bas-fonds
et sur les plateaux; sur les pentes, il est absolument nécessaire qu'elles soient protégées par un couvert forestier
ou un tapis herbacé.

On voit que, dans l'ensemble de la région, l'engazon-
nement doit être préféré à la culture des champs, et en
même temps que chaque terrain en particulier est propre

aux productions fourragères. D'autre part, la haute qualité des herbages susceptibles d'être produits est incontestable : elle est révélée par les flores célèbres du Lautaret, du col du Vars, du Pas de la Cavale et du Viso, qui caractérisent chacun des principaux terrains que nous avons énumérés.

Toutefois, les transformations dont nous avons parlé, sous le climat des Hautes-Alpes, où se manifeste déjà la sécheresse de nos provinces méridionales, exigent impérieusement des constructions de canaux d'arrosage et partant des capitaux, malheureusement introuvables sur place. Cette absence des capitaux est un des traits caractéristiques de l'agriculture alpestre. Il importe d'attirer sur elle l'attention des administrations publiques, car c'est la principale circonstance qui justifie l'utilité de l'intervention gouvernementale sous forme d'avances ou de subventions en faveur des améliorations nécessaires. Arrêtons-nous un instant sur ce point.

En 1823, Faure, auteur d'une statistique du Briançonnais, calcula le budget d'une famille rurale de chacun des cinq cantons de cet arrondissement. Ayant trouvé partout, en se bornant à l'évaluation des ressources locales, un excédent de dépenses sur les recettes, variable de 310 à 54 francs, excepté dans le canton de Briançon, où il y avait équilibre, il en déduisit l'impossibilité de subsister sans le produit de l'émigration hivernale. Sa conclusion est encore applicable aujourd'hui non seulement au Briançonnais, mais à la presque totalité du département; l'émigration, non moins importante qu'autrefois, et qui se chiffre par la proportion de 48 pour 100, parmi les célibataires des deux sexes, est là pour le prouver; elle témoigne d'une difficulté constante d'arriver sur place à réaliser des épargnes. Produire le nécessaire à sa consommation, plus une valeur correspondant au montant de l'impôt, c'est, le plus souvent, le terme imposé à l'ambition du montagnard qui ne s'expatrie pas. Ailleurs, l'impôt se répartit par l'échange entre le producteur et le consommateur ; mais ici la masse des cultivateurs, n'exportant rien, en subit entièrement le poids, qui est énorme : il atteint le cinquième du revenu, proportion deux fois plus forte que la moyenne nationale. A la charge contributive s'en ajoutent bien d'autres, très lourdes aussi ; parmi elles l'entretien des chemins dégradés par les torrents, des travaux de défense contre les rivières, puis les pertes de récoltes occasionnées uniquement par les ravages des eaux qu'un travail administratif, en 1858, évaluait à 800000 francs année moyenne. Tant de frais de toute nature expliquent la faiblesse du capital d'installation et de roulement affecté à la terre. On l'évalue à 166 francs seulement par hectare, chiffre six fois moindre que celui jugé nécessaire par les hommes les plus compétents. Quant au revenu du capital foncier, dont la moyenne est en France de 50 francs par hectare, il ne dépasse pas 10 francs dans les Hautes-Alpes (1). Un chiffre résume complètement cet ordre d'idées, c'est la valeur du centime additionnel ; elle n'atteint que 7 500 francs et classe les Hautes-Alpes, au point de vue de la richesse, au quatre-vingt-troisième rang de nos départements.

Ce n'est pas avec les céréales, certainement, qu'on relèvera jamais la situation de cette agriculture : d'après la grande enquête de 1866, l'hectare de blé produit 14 hectolitres, valant, au prix moyen de 21 francs, 294 francs. Les frais de culture, engrais non compris, s'élèvent à 250 francs. Le bénéfice net est donc de 44 francs seulement. Il s'en-

(1) *Economie rurale de la France*, L. de Lavergne.

1.

suit que les cours en dessous de 20 francs cessent d'être considérés comme rémunérateurs. Les hauts prix peuvent seuls soutenir la culture des grains dans les contrées pauvres ; or, sans parler du libre-échange, le perfectionnement de nos propres voies de communication intérieures crée à lui seul un obstacle à leur maintien par ici, attendu qu'il permet aux départements riches en bétail et en engrais, où le rendement atteint douze fois la semence au lieu de cinq, comme dans les Hautes-Alpes, d'exporter au loin, dans les bonnes années, des blés au prix de 19 francs. Pour parer à cette concurrence inévitable, déjà ressentie, et que les chemins de fer en construction en ce moment, d'une extrémité à l'autre des Hautes-Alpes, ne feront qu'aggraver, un seul remède est indiqué : il faut étendre les prairies, afin d'arriver à produire plus, sur des surfaces moindres, tout en diminuant la quantité de travail nécessaire. Plus de fourrages, plus de bétail, plus d'engrais, plus de produits de toutes espèces ; telle doit être désormais la formule fondamentale de l'agriculture alpestre.

Ajoutons, pour faire connaître la vérité d'une manière plus exacte, que les chiffres de l'enquête précitée sont exagérés comme moyenne. Dans la zone délimitée plus haut, où domine l'assolement biennal avec le seigle, les frais de culture sont beaucoup plus élevés que ceux énoncés tout à l'heure, et la production des grains ne procure absolument aucun profit. Ainsi, dans les vallées de la Clarée, de la Guisanne, en Vallouise, en Queyras et ailleurs, on laboure la terre trois fois, c'est-à-dire qu'on est contraint, pour ne recueillir qu'un maigre produit, de réduire à plusieurs reprises, dans un état de division qui les expose au ravage des eaux, des terres légères et inclinées, et dont la roche ne tarde pas à être mise à nu, si l'on ne remonte fréquemment les couches végétales à dos d'homme ou de mulet. J'ai compté trente communes où l'altitude est si contraire aux céréales que celles-ci passent plus d'un an à parcourir les phases de la végétation ; on sème en août, et l'on ne moissonne qu'en septembre. En face de tels faits, qui niera la préférence que méritent les plantes fourragères ? Celles-ci maintiendraient les terrains mouvants et, en procurant d'abondantes fumures, atténueraient les inconvénients des autres cultures, que certaines convenances engageraient à conserver. Suivant un mémoire sur la pratique des irrigations, publié en 1821 par Farnaud, alors secrétaire général des Hautes-Alpes, et couronné par la Société centrale d'agriculture de France, la plus-value minima qu'acquéraient, à cette époque, les terres du département, par leur conversion en prés à l'aide d'arrosage, était égale au triple de la valeur primitive. « Cette évaluation, a même écrit cet auteur, est en dessous de la vérité, car, par l'eau, pas de terrain désert ou inculte qui ne puisse être promptement couvert d'une belle végétation. »

Cependant, dans ce milieu de pauvreté rurale, quelques communes font exception, grâce aux succès commerciaux remportés par leurs enfants, en France ou à l'étranger. J'ai recueilli sur l'une d'entre elles, Abriès, des chiffres précis, assez remarquables pour être rapportés ici. L'émigration y commença en 1770. Ce village était alors tout à fait pauvre. Les émigrés se dirigèrent vers le commerce des peaux, des denrées coloniales, des fromages et du beurre. Actuellement, ses cent vingt feux jouissent de 100 000 francs de rente en valeurs mobilières et possèdent, à Marseille et Toulon, des maisons évaluées à 5 millions de francs. Néanmoins, les cultures d'Abriès n'ont que très faiblement profité des capitaux détenus par ses habitants ; les canaux existants datent de plusieurs siècles ; les céréales s'élèvent jusqu'à 2 000 mètres; l'engrais se descend et se monte à dos de mulet comme partout, et de vastes communaux, presque inertes, attendent d'être mis en valeur. De là ressort l'opportunité de divulguer, par l'enseignement agricole, surtout dans quelques localités, la puissance du capital dans les Alpes et le taux élevé que rapporteraient de grandes entreprises pastorales aux capitalistes du pays qui se plairaient à placer leur argent autour d'eux, au lieu de l'envoyer au dehors.

A l'insuffisance générale des capitaux et à la routine s'ajoute un troisième obstacle aux transformations culturales désirables : les 23 000 hectares de terres labourables, vignes et prairies des Hautes-Alpes, sont partagés en un nombre de parcelles dépassant un million. Ce morcellement excessif, conséquence de l'ancien usage de partager toutes les cultures de diverses natures composant chaque héritage entre tous les ayants droit, empêche les hommes de progrès de réaliser pour leur compte les améliorations qui nécessitent une entente entre tous les propriétaires d'un même mas, comme les canaux d'arrosage. Mais cet état de choses n'est pas irrémédiable : chaque fois que cela sera nécessaire, on parviendrait à le modifier par des échanges fondés sur l'évaluation en bloc d'un ensemble de propriétés et leur répartition en un aussi petit nombre de lots que possible ; ce serait, à la vérité, une opération longue et difficile, mais dont les résultats promettraient toujours d'être assez féconds pour décider les intéressés à l'accomplir.

L'examen du chiffre et des variations de la population conduit rigoureusement aux mêmes conclusions que l'étude du milieu géographique dans lequel elle vit. La relation, qui, normalement, doit unir l'état du sol et le nombre des habitants, n'existe pas dans les Hautes-Alpes et ne saurait être établie que par les modifications agricoles dont il vient d'être question. Depuis 1846, date du premier recensement digne de foi, le nombre des habitants est descendu de 133 000 à 119 000. D'autre part, le rapport de la population rurale à la population totale, qui égale 20 : 35 pour la totalité de la France, a toujours été, pour les Hautes-Alpes, de 89 : 100. Ces deux faits sont à retenir : le premier fait voir que le pays est incapable de nourrir une population serrée ; le second, qu'à l'intérieur du département la concurrence est presque nulle en faveur des produits agricoles locaux, puisqu'on y trouve neuf producteurs pour un consommateur. Il y a longtemps, d'ailleurs, que l'on a ressenti cette cause d'infériorité : de 1838 à 1875, époque où satisfaction lui fut enfin donnée, le conseil général n'a jamais cessé de solliciter une augmentation de garnison, afin d'accroitre la valeur des denrées alimentaires. Nombre de communes seraient, en effet, menacées de décadence totale, si l'on retirait quelques bataillons du Briançonnais. Et dans l'Embrunais les besoins sont les mêmes : lorsqu'en 1866 on supprima sa maison centrale, qui ne renfermait cependant que huit cents détenus, occupant cinquante-deux employés, les représentants de l'arrondissement n'hésitèrent pas à déclarer que l'on avait ainsi décrété sa « ruine complète », en le forçant brusquement à changer ses cultures. On fit droit à leurs doléances. Mais ce ne sont là que des palliatifs ! le département n'améliorera définitivement son sort qu'en déterminant un courant d'échanges avec l'extérieur, afin d'annuler les conséquences de l'infériorité de sa population. Il y arrivera, quand chacun s'efforcera de produire non plus les denrées de toutes sortes qui concourent à l'entretien de la vie, mais seulement celles que le sol est le plus apte à fournir aux moindres frais, en plus grande quantité et de qualité supérieure.

Il est incontestable que l'extension de la culture pastorale répondrait mieux que toute autre à ce besoin : dans la culture pastorale perfectionnée, les salaires n'absorbent « qu'une part minime du produit, 10 pour 100 tout au plus (1) » ; au contraire, dans la culture des céréales, les salaires payés aux ouvriers absorbent « 40 à 50 pour 100 du produit (2) », quatre à cinq fois plus. Donc « les ouvriers, c'est-à-dire la portion de population qui vit exclusivement de son travail, n'ont qu'une place limitée dans les pays à culture exclusive d'herbages... et la population agricole doit être forcément moins nombreuse que dans ceux à organisation rurale différente (3) ». Réciproquement, si les bras diminuent quelque part, comme dans les Alpes, il y faut adopter le système qui correspond le mieux à la rareté des travailleurs. La Normandie, la plus heureuse de nos provinces, dit-on, offre un exemple à l'appui de cette thèse : elle est celle de nos riches contrées dont la population rurale diminue le plus, bien que sa richesse ait été quintuplée depuis le commencement de ce siècle. C'est que l'on y a remplacé de plus en plus la culture des grains par celle des herbages, de sorte qu'il se maintient chez elle, entre le travail nécessaire et la quantité de bras disponibles, un rapport favorable au bien-être.

La décroissance continue de la population des Hautes-Alpes inquiète d'une façon exagérée, croyons-nous, bon nombre d'esprits, qui raisonnent comme si la prospérité de l'agriculture se trouvait entièrement liée à l'augmenta-

---

(1) Dubost, Millot, Mussat, Sanson, professeurs à l'Ecole de Grignon. *Excursion agricole dans la Belgique et dans la Hollande (Journal de l'agriculture*, numéro du 24 mars 1877).

(2) *Id., id.*

(3) *Id., id.*

tion du nombre des cultivateurs. L'un de nos plus illustres économistes a vivement combattu cette manière de voir. Selon M. de Lavergne, fâcheuse dans les pays dont la terre peut fournir plus qu'il ne faut pour faire vivre à l'aise la population qui l'occupe, cette décroissance est un fait heureux là où, par suite de circonstances étrangères aux forces productives du sol, la population, développée à un moment donné d'une façon anormale, le plus souvent dans un intérêt de défense pendant les temps guerriers du passé, ne peut se nourrir convenablement.

Or telle est précisément la cause originelle de la colonisation des hautes vallées alpestres; on le constate dans chaque siècle de leur histoire. D'après Ladoucette, vers 570, des hordes lombardes, défaites auprès de Mont-Dauphin, par les évêques de Gap et d'Embrun, se réfugièrent dans la vallée de la Byaisse et fondèrent Dormilhouse, à 1 400 mètres de hauteur; en 750, les Sarrasins occupèrent, à l'entrée de la même vallée, Rame et Pallons; à la fin du dixième siècle, des Sarrasins encore, chassés de Fraxinetum, en Provence, rejoignirent les premiers et donnèrent le nom de Freyssinières au village qu'occupaient déjà quelques-uns des leurs; de là, ils s'établirent aux sources du Drac, sur les territoires d'Orcières et de Champoléon; d'autres tribus de même race, expulsées à la même époque des emplacements actuels de Gap, Puy-Maur, Montmaur, Orpierre, se réfugièrent dans les solitudes du Dévoluy, à Rabou, Durbon, dans le Valgodemar et le Queyras, et allèrent augmenter la population de Champoléon; au douzième siècle, les descendants de ces barbares, devenus chrétiens, embrassèrent le schisme de Valdo, et les luttes sanglantes qu'il alluma les refoulèrent dans la Vallouise, déserte auparavant; au quatorzième, évincés par les irruptions de la Durance, les habitants de Rame, l'antique et populeuse station romaine, se retirèrent dans le bassin d'un affluent du Guil, où Ceillac fut fondé par eux. La période des guerres de religion fut extrêmement agitée dans les Alpes. A leur suite, les friches s'étendirent, les disettes se multiplièrent, la misère devint extrême. Qui ne connaît ce passage d'une lettre du gouverneur du Dauphiné, écrite à Colbert en mai 1675 : « La plus grande partie des habitants des campagnes n'ont, pendant l'hiver, que du pain de glands et des racines, et présentement on les voit manger l'herbe des prés et l'écorce des arbres » ? En 1693, Victor-Amédée de Savoie s'emparait de l'Embrunais et du Briançonnais ; les principaux villages et les villes des vallées devinrent la proie des flammes : Chorges, Gap, Veynes, Saint-Laurent, Chabottes, Laye, la Fare, etc., furent incendiés par ses soldats. Ce n'est réellement qu'avec le dix-huitième siècle que s'ouvrit une ère de sécurité et de calme relatifs ; les populations commencèrent alors à descendre des endroits les plus élevés, cherchant des lieux plus cléments que ceux vers lesquels s'étaient enfuis leurs pères ; c'est ce qui se passe encore sous nos yeux. Ce retour n'est-il pas rationnel ?

M. de Lavergne, en décrivant justement les Hautes-Alpes, leur a appliqué l'avis émis plus haut. L'opinion de l'éminent écrivain ne peut être qu'utilement rappelée, en ce moment, où l'on s'applique plus que jamais au problème si complexe de la régénération des Alpes. « Vers 1 000 mètres d'élévation au-dessus du niveau de la mer, l'habitation permanente entraîne pour l'homme, même sous ces latitudes méridionales, tant de dangers et de privations qu'il ne saurait mieux faire que de déguerpir. Or il y a encore dans les Alpes françaises plus d'un point habité au-delà de cette limite » (dans la région, déterminée précédemment, qui englobe 101 communes, 59 ont leur chef-lieu compris entre 1 000 et 1 500 mètres, et 19 entre 1 500 et 2 000)... « Il n'y a là de vraiment possible que des forêts et des pâturages ; à part quelques plateaux un peu plus susceptibles de culture, l'homme n'y devrait paraître que pendant les mois d'été. »

M. de Lavergne ne sera point suspect, lui qui n'a jamais cessé de combattre les causes du ralentissement de l'accroissement de la population de la France dans son ensemble, lui-même qui, frappé du mouvement de décadence de notre puissance vitale depuis 1870, provoqua les recherches et le dénombrement officiels de 1876. Écoutons-le encore, à propos des merveilleux résultats obtenus par le dépeuplement des Highlands, secondé par le gouvernement anglais au commencement de notre siècle ; ceci touche de près à la question du reboisement : « Ne gagnerait-on pas doublement à une émigration semblable des points du territoire français qu'habitent des populations trop denses, et dans le pays qu'elles quitteraient, et dans ceux où elles trouveraient de l'emploi ? N'y gagneraient-elles pas elles-mêmes de meilleurs salaires et une existence plus heureuse?... Ce ne pourrait être que le résultat d'une nécessité librement reconnue par les intéressés; mais ne pourrait-on pas d'avance y préparer les esprits ?... La solitude faite, tout est devenu facile dans les Highlands. Ces montagnes étaient tout à fait déboisées... Ce déboisement était dû en grande partie à la même cause... qui détruit si rapidement dans nos propres montagnes toute espèce de terre végétale, le parcours illimité des troupeaux. Dès que la population s'est retirée, on a fait au pâturage sa part et à la forêt la sienne ; les chefs écossais, devenus grands propriétaires, ont entrepris de gigantesques plantations. »

. Les mêmes pensées se présentèrent à l'esprit de M. Barral, dès qu'il arriva dans les Alpes l'an dernier, avec le jury du concours d'irrigation qui y fut ouvert. Témoin de l'immensité des efforts qu'oblige d'accomplir la culture alpine, M. Barral écrivait d'Embrun à son journal, le 29 juillet 1879 : « Peu d'hommes peuvent s'acharner à un tel travail. Aussi beaucoup s'en vont, et la dépopulation rurale se produit. Peut-il en être autrement, et doit-on blâmer les paysans qui vont chercher ailleurs une vie moins dure, moins misérable ? Nous n'hésitons pas à dire non... Nous n'hésitons pas à dire que les contrées où l'homme ne peut pas faire œuvre féconde, où la misère est certaine, doivent être abandonnées ; il faut y faire des plantations forestières, si l'on ne peut pas y amener de l'eau fertilisante par la création de canaux. Alors l'émigration rurale est un bien ; elle ne saurait être blâmée, et il est absurde de proférer anathème contre celui qui cherche à tirer un meilleur parti de ses bras, à obtenir un plus fort salaire, à mieux vivre. » Ainsi, d'après cette haute autorité, il faut dans les Alpes méridionales ou multiplier les canaux d'arrosage, ou cesser de déplorer et de combattre l'émigration des campagnes vers les villes.

En comparant dans leurs détails le dernier recensement et celui de 1846, antérieur de trente ans, j'ai vérifié que la décroissance de la population s'était produite dans les Hautes-Alpes d'une manière logique : les villages au-dessous de 1 000 mètres ont perdu 12 pour 100 de leurs habitants et les autres 8,8 seulement. L'agrandissement des gazons est une des conséquences de ces changements ; en parcourant les montagnes vers les limites supérieures de la végétation agricole, on aperçoit déjà sur bien des points des enherbements naturels sur les champs devenus incultes. Je l'ai constaté à Villard-Saint-Pancrace, dont la

population, attirée par l'importante manufacture de soie
de Sainte-Catherine et les travaux militaires de Briançon,
a délaissé depuis trente ans les deux tiers des cultures de
l'Aye et de l'Alp ; aux alentours des chalets de Valpreveyre
à Abriès, habités par des familles dont le nombre est descendu de quarante à dix-neuf ; aux environs de ceux de
Peinins, des Eygliers et de Lombard à Aiguilles, qui ren-
fermaient ensemble, il y a cinquante ans, soixante-dix-huit
familles, et aujourd'hui n'en reçoivent plus que quinze ;
au val de Pranticq, commune de Saint-Maurice, où l'on
ne compte plus que dix chalets habités sur quarante existants ; au fond du Valgodemar à partir de la Chapelle ;
dans la vallée de l'Eychouda, territoire de la Pisse, dont
aucun chalet sur cinquante n'est plus ni entretenu ni uti-
lisé. A la Grave, la forte décroissance qu'a subie la population, qui s'est abaissée dans les trente dernières années
de 1 800 à 1 200 âmes, a produit, par suite de la restriction du bétail qui en est résultée dans certains parcours,
des effets très satisfaisants et très visibles relativement à la
fertilité des pâturages ; en même temps on a, dans cette
commune, considérablement étendu les prairies artificielles, plus faciles à établir rapidement là qu'autre part,
en raison de la nature argilo-calcaire du sol et d'un climat
plus humide qui dispensent de recourir à la création de
canaux. Sur les deux versants de la vallée de la Guisanne,
de nombreux chalets en ruine attestent également une
dépopulation plus notable ; mais ici on tire un si mauvais
parti du laitage qu'on tend à diminuer plutôt qu'à augmenter le nombre des vaches, tandis qu'un revirement
contraire s'opère en faveur d'animaux moins inoffensifs,
dans les parcours montagneux. Le Monestier, chef-lieu de
la vallée, nourrissait, en 1820, 1 200 bœufs, vaches ou génisses et 5 500 brebis en été ; aujourd'hui la même com-

mune n'entretient plus que 488 têtes de gros bétail, mais reçoit à l'estivage 8 300 brebis.

Il est certain qu'il résulte de l'émigration, pour ceux qui restent, une crise pénible : la culture ne suivant point, dans ses modifications, un mouvement proportionnel à la dépopulation, les salaires renchérissent et le prix des propriétés diminue ; mais ce malaise ne sera que passager, si l'on se hâte d'exécuter les réformes que réclame la « vocation agricole » du département.

Loin de moi, d'ailleurs, la pensée d'une importante dépopulation. Par les citations qui précèdent, j'ai voulu principalement démontrer qu'il n'y a pas lieu de regretter des faits qui se sont accomplis très rationnellement, dont les inconvénients sont très réparables, et pour l'avenir je ne songe qu'à ces hameaux dont la restauration des environs paraît incompatible avec le maintien des habitants : ainsi, les Ecrins de Vars, Méollion de Champoléon, la Cluse en Dévoluy, Molines en Champsaur, Mansals et Dormilhouse de Freyssinières, le Bourg, Rif du Sap, le Clôt au-dessus de la Chapelle et quelques autres ;... à ces « villages perchés sur des points inaccessibles » dont parle M. de Lavergne, à l'égard desquels, « à défaut de la très grande propriété qui nous manque, l'administration des eaux et forêts ne ferait que ce qu'ont fait les grands seigneurs d'Ecosse et même d'Angleterre quand ils ont dépeuplé les montagnes... » A ce sujet, n'y a-t-il pas lieu de formuler un vœu ? C'est que le gouvernement essaye d'imprimer une direction aux émigrants qu'il se verrait obligé de déposséder. Il y irait de deux intérêts de premier ordre : celui des Alpes, où les expropriations seraient moins vexatoires, si l'émigration devait offrir une large compensation à de pauvres gens contraints de quitter le sol natal ; et celui de notre belle colonie d'Afrique. On ne sait pas assez dans les Alpes les avantages offerts aux Français qui s'y rendent. L'administration algérienne accorde, suivant le nombre des membres d'une famille, des concessions de 20, 25, 30 ou 40 hectares et le passage sur mer gratuit. Lorsque vingt familles se réunissent, l'Etat se charge de construire des chemins d'accès au village qu'elles fondent, d'en assainir les terrains, de bâtir une église, une mairie, des écoles, etc. C'est l'esprit d'association, nécessaire à ces fondations, qui jusqu'à présent a fait le plus défaut à la colonisation de l'Algérie; on le trouverait tout développé en transplantant en masse les habitants de certains hameaux des Alpes. Les meilleures conditions de succès sont réalisées lorsque chaque famille dispose d'un capital de 5 000 à 6 000 francs pour acheter des outils aratoires, des animaux et attendre l'époque des premières récoltes. Cette somme, correspondant à 100 000 ou 120 000 francs pour vingt familles, serait aisément obtenue comme prix des terrains chaque fois que l'Etat se créerait une propriété nouvelle dans les Alpes.

II. DES PRAIRIES ET DES PATURAGES.

Sur une étendue totale de 559 000 hectares, les Hautes-Alpes renferment :

En prairies artificielles............	10 652 hectares.
— naturelles............	27 300 —
En pâturages....................	120 522 —

Les fourrages artificiels cultivés sont le sainfoin, la luzerne, le trèfle et le fromental. Le sainfoin, dont les longues racines maintiennent solidement les terres meubles des sols en pente, est le plus répandu. La luzerne figure au second rang, elle a été introduite sur les terrains argilo-calcaires et prospère à des niveaux remarquables. On en voit des prairies à la Grave et à Villard-d'Arène qui fournissent à 1 800 mètres, depuis plus de vingt ans, deux fortes coupes annuelles et un pâturage. Le fromental, vulgairement appelé *fenasse*, jouit de la préférence dans le Champsaur. Il est cultivé, mélangé au sainfoin, et laissé sur pied jusqu'après la formation des graines qu'on exporte dans toute l'Europe. Les prairies artificielles ainsi composées sont les plus lucratives, mais aussi les plus épuisantes ; on en obtient par hectare 2 quintaux de graines valant 150 francs, plus 33 quintaux de foin et un pâturage. La réputation des graines de fenasse du Champsaur n'est pas motivée par des qualités exceptionnelles, que ce produit ne saurait acquérir ailleurs, mais seulement par la persistance d'une vieille coutume ; la vallée du Drac est une des rares contrées qui laissent aujourd'hui le fromental parvenir à maturité, les cultivateurs préférant, dans les pays où l'exploitation du bétail est le mieux comprise, couper ce fourrage en fleur, alors qu'il est pourvu de toutes ses propriétés alimentaires. Une semblable culture est donc un signe de l'infériorité des soins donnés au bétail champsaurien.

On distingue dans le département trois sortes de prairies naturelles : les basses, fauchées deux fois et fumées ; les moyennes, fauchées une fois et fumées également ; les hautes, fauchées une fois, mais non fumées. Celles de la première et de la deuxième catégorie sont le plus souvent arrosées et avantageuses. On ne peut en dire autant de la troisième ; nous le verrons tout à l'heure.

Après le fauchage, les prairies sont livrées au pâturage des bêtes aumailles, ensuite à celui des moutons et brebis indigènes. Cette succession d'animaux divers est utile pour tirer complètement parti de l'herbe, attendu que tous les herbivores n'ont pas les mêmes goûts ; les derniers venus mangent ce qu'ont refusé les premiers, et l'on évite de cette manière un inconvénient qui se produit dans les pâturages livrés à une seule sorte de bétail, la propagation, au détriment des espèces préférées, des plantes laissées de côté par certains animaux.

Dans plusieurs vallées, le pâturage des moutons transhumants à leur descente des montagnes qui leur sont spécialement réservées est toléré encore non seulement dans les terrains communaux déjà parcourus par le bétail du pays, mais même dans les prairies particulières voisines, jusqu'à l'apparition des premières neiges. J'ai vu, au pied du mont Viso, de grandes étendues de prés complètement détruits depuis dix ans par l'exercice de cet abus, qui ne provient que de l'excessive insouciance des propriétaires.

Peu de points du département offrent ce mélange heureux d'herbages et de bouquets d'arbres dits *prés-bois*, qui représente le meilleur mode d'aménagement des montagnes non soumises à une culture exclusivement forestière et en quelque sorte l'idéal de l'économie alpestre, de ces pâturages dont les gazons conservent une longue fraîcheur à l'ombre d'arbres qui fixent l'humidité de l'atmosphère, tempèrent l'influence desséchante des vents, servent d'abris au bétail, et procurent des produits inappréciables pour l'entretien et l'exploitation des chalets. Névache, au-dessus du chef-lieu, Puy-Saint-Vincent, la rive gauche du Fournel à Largentière, la combe de Val-Baile à Guillestre, le quartier du Mélèzet à Vars, le col d'Izoard au-dessus de Cervières, Molines en Queyras, le territoire d'Orcières entre Serre-Eyraud et Archinard sont à peu près les seuls endroits qui présentent de ces sites pittoresques et si bien appropriés aux besoins économiques du pays.

Le fait le plus caractéristique de la culture herbagère

des communes pastorales est certainement le fauchage des prairies de la troisième catégorie et de notables étendues de terrains classés par le cadastre et les statistiques parmi les pâturages. Ces prairies, comprises entre 1 800 et 2 600 mètres, produisent un foin très parfumé, mais extrêmement court, dont la descente s'opère à dos d'âne ou de mulet et donne lieu à d'énormes frais.

On peut se rendre compte, sans calcul, que de telles exploitations ne sont pas normales. Il est de principe qu'en plaine même, dans les conditions ordinaires, les prés ne sont rémunérateurs qu'à la condition de fournir au moins 1 500 kilogrammes de foin sec par hectare. Comment alors retirer un revenu satisfaisant de prairies situées à des hauteurs considérables, produisant à peine 700 à 800 kilogrammes et inaccessibles à la plus légère charrette ? Or, parmi les cent communes pastorales du département, il n'en est pas dix qui ne se livrent à des exploitations de ce genre, dont les résultats, si l'on essaye de les chiffrer, ressortent négativement.

L'un des cas les moins défavorables est celui où, de minuit à huit heures du soir, on arrive à opérer trois voyages ; la coupe et la descente seules occasionnent alors, pour 300 kilogrammes, les frais dont le détail suit :

Fauchage, 1 journée d'homme...............	3 fr. 75
Râtelage et bottelage, 2 journées de femme..	4 50
Transport par un mulet et un conducteur, employés pendant 20 heures à 0 fr. 50 l'une....	10 »
Total............	18 fr. 25

Soit 6 fr. 08 par 100 kilogrammes. En une foule d'endroits, il y a des fauchages et des transports beaucoup plus onéreux encore, soit en raison du peu de longueur du brin, soit en raison de l'éloignement. A Arvieux, dans la mon-

tagne de Furfende, où toute la population se transporte
pendant un mois pour se livrer à ces opérations, l'herbe
est si courte qu'il faut la ramasser avec un balai. A Freyssinières, on emploie dix heures pour aller chercher une
seule charge d'âne de 50 kilogrammes dans la montagne
de Val-Haute par les chemins les plus ardus. De la Roche,
on en passe douze pour rapporter la même quantité de
foin des prairies de Néal et de l'Ascension, où un faucheur
ne recueille pas plus d'un quintal par jour. Il y a pire encore : il paraît que certains individus de ce dernier village,
propriétaires à Val-Haute sur Freyssinières, ne craignent
pas de dépenser vingt heures pour en descendre une
charge d'âne.

Lorsqu'on évalue les journées nécessitées par ces travaux au taux ordinaire des salaires, on trouve que, suivant la faculté d'opérer un, deux ou trois transports par
jour, le foin coûte 6 à 9 francs de frais d'exploitation seuls.
Il sera prouvé plus loin qu'en général un quintal de fourrage
transformé en viande, laine ou lait, rend au maximum
3 francs ; l'exploitant exécute par conséquent des travaux
évaluables à 6 francs et plus, pour la production d'une
marchandise qu'il revend 3 francs et moins. La différence
entre ces deux chiffres représente pour lui la valeur de
l'engrais. Le fumier se paye donc très chèrement.

Ces exploitations provoquent des réflexions semblables
à celles que suggère la culture des céréales, et c'est le
même remède, l'irrigation, qui permettrait de les supprimer ; l'irrigation des pentes inférieures, qui, en entraînant
la substitution des prairies basses aux labours et aux jachères, ferait renoncer à aller chercher au loin les approvisionnements de foin pour l'hiver et permettrait de rendre au pâturage, leur destination naturelle, les prairies
dont la situation empêche de tirer des bénéfices. Que de

ressources surgiraient d'une telle transformation et de la
mise en liberté, par l'extension des prairies en bas et des
pâturages en haut, de tant de bras et d'efforts détournés
actuellement de tout emploi rationnel! On n'a pas à re-
douter que la production brute des anciennes prairies
hautes soit diminuée par suite de leur conversion en pâturages; l'expérience a démontré en effet que, malgré les
pertes résultant, dans les pâturages, des surfaces couvertes
par les déjections des animaux, de leurs courses, du
choix qu'ils font des plantes succulentes en dédaignant
les autres, un pâturage bien aménagé, et en quelque sorte
cultivé, est plus productif qu'une prairie. On a estimé
jusqu'à 8 pour 100 cet excédent de valeur nutritive, qui
provient de ce que la croissance de l'herbe est d'autant
plus rapide qu'elle est plus fréquemment coupée et que
la richesse des tiges en matières protéiques et hydrogé-
nées est d'autant plus grande qu'elles sont plus jeunes.

Toutefois, la conversion dont nous parlons, vu le morcellement des prairies hautes, n'est possible qu'à la condition que l'on organise des sociétés, basées sur l'abandon,
par chaque particulier, au pâturage en commun de ses
prés respectifs, en échange du droit d'entretenir sur la
propriété sociale un nombre de têtes de bétail proportionné
à la contenance concédée. On entrera tout naturellement
dans cette voie, quand des irrigations nouvelles, en augmentant l'étendue des prairies autour des villages, rendront
inutile la descente des foins du haut. Une association
de ce genre s'est déjà formée et a produit de bons effets;
je l'ai découverte a Cervières. Vingt-deux familles de
cette localité possédaient jadis, au mas des Alpes Guian et
d'En-Haut, des prairies d'une exploitation difficile, non
arrosables, et dont l'appauvrissement frappa les propriétaires. Pour y remédier, ceux-ci adoptèrent, il y a vingt

ans, un règlement d'exploitation et cessèrent de faucher. Depuis, de mauvais prés sont devenus un pâturage très productif. Les nombreuses sociétés pastorales suisses, dont chaque membre possède une part correspondant à la nourriture exigée par une ou plusieurs vaches, avec faculté de vente et d'amodiation de cette part, ont la même origine que celle de Cervières et se sont multipliées à la suite de l'extension des prairies basses.

L'étude des prairies de toutes catégories soulève encore une question importante, que l'on ne peut passer sous silence lorsqu'on se propose de rechercher tous les moyens de tirer du sol le revenu le plus intensif possible : je veux parler de l'habitude générale de faucher après la formation des graines, sous prétexte d'assurer la régénération des prairies. De cet usage résulte une perte en argent sur les produits animaux, occasionnée par la diminution des principes assimilables et l'accroissement de la cellulose ou ligneux dans les tiges, au fur et à mesure que les plantes atteignent les diverses phases de la végétation. L'analyse, il est vrai, met en évidence que la graine du végétal concentre les éléments nutritifs qui ont concouru à son développement ; aussi répond-on que le fourrage recueilli après sa formation doit être le plus substantiel. Mais c'est là une erreur. Les tiges, devenues plus pauvres en principes immédiats, et plus dures, sont moins facilement attaquables par les sucs digestifs ; de plus, les graines, se répartissant au hasard dans la masse du fourrage sec, ne profitent pas également à chacun des animaux de l'étable. Outre la qualité des foins, les coupes hâtives favorisent encore la quantité en arrêtant le travail de la fructification, qui absorbe une partie sensible de la force végétative, et diminue par là même la production des feuilles. Si donc leur adoption oblige de temps à autre à répandre des graines fourragères, les frais de ces semis sont toujours plus que compensés par la plus-value que retire le bétail d'une nourriture tendre et aromatique. Ces semis, toutefois, ne sont nécessaires que bien rarement, par suite de deux phénomènes autres que la dissémination naturelle des graines, qui concourent à l'entretien des prairies. On a remarqué que les plantes annuelles entrant dans leur composition, fauchées avant le temps de la maturité, deviennent vivaces et se perpétuent jusqu'à ce qu'elles aient eu l'occasion de produire leur graine, et que les plantes vivaces se reproduisent par des germes nouveaux qui se développent au collet et remplacent les vieilles souches quand celles-ci se détruisent, de sorte que leur durée n'est en réalité limitée que par l'époque de l'épuisement du sol en principes nutritifs. Il faut reconnaître cependant que cela ne se passe ainsi dans les Alpes que lorsque la végétation s'y trouve stimulée par l'arrosage et des engrais. Les prés secs supérieurs se détériorent lentement, à moins que le fauchage n'ait lieu très tard, c'est-à-dire après la fructification de toutes les espèces, vers la fin d'août. On en voit la preuve d'une manière frappante, au col Bousson, sur les confins de l'Italie : des prairies appartenant à Cervières, fauchées au commencement de juillet pour être utilisées comme pâtures, se trouvent dans un état infiniment moins satisfaisant que des prés voisins situés dans des conditions identiques, mais possédés par des Piémontais qui ne les coupent que beaucoup plus tard.

Mais il y aurait un moyen très simple de concilier la perpétuité de la végétation, l'amélioration du sol et la production d'un fourrage de qualité supérieure, même dans les prés secs les plus élevés; il suffirait de les aménager en un nombre de soles variable suivant la fertilité des ter-

rains; chaque sole resterait successivement inexploitée
pendant un an, tandis que les autres seraient fauchées à
l'époque de la floraison de la majorité des plantes. Les
avantages de la régénération naturelle et ceux de l'engraissement du sol par les détritus végétaux des produits
d'une saison de temps en temps se trouveraient ainsi
réunis. On peut vérifier l'efficacité de cette méthode sur
plusieurs montagnes, qui renferment des parcelles où se
sont formés, par l'accumulation des fourrages qu'on y
laisse souvent, faute de temps pour les enlever, des terrains très riches recouverts d'une végétation magnifique.
Je me bornerai à citer celle de Val-Haute déjà mention-
née, où, malgré l'altitude de 2000 mètres environ, crois-
sent, sur certaines parcelles, abandonnées par intervalles
à elles-mêmes des foins d'une hauteur de 7 à 8 déci-
mètres.

Les nombres comparés des bêtes de somme ou de trait
de la Suisse et de nos Hautes-Alpes expriment dans une
assez juste mesure la différence entre les frais qu'occasionnent les cultures pastorales de chacun de ces pays :
là, des prairies basses étendues et de hauts pâturages en
proportion, peu de bêtes de somme et beaucoup d'animaux
de rente ; ici contrairement, peu de prairies et trop de
céréales dans les vallées et sur les plateaux, trop de prairies hautes, beaucoup de bêtes de labour et de transport, peu de bétail de rente. La Suisse ne possède sur
4037000 hectares que 100933 chevaux ou mulets pour
une population de 2400000 habitants, tandis que notre
département, sur 559000 hectares pour 119000 habitants,
en entretient 20917, parmi lesquels le nombre des animaux d'élevage ou de luxe est insignifiant. Cela représente :

2.

	Pour 1 000 hectares.	Pour 1 000 habitants.	
En Suisse..............	25	42	} chevaux ou mulets.
Dans les Hautes-Alpes..	37	170	

Remarquons que pour les hautes prairies, dont on verra dans l'avenir se réaliser la conversion en pâturages, il sera facile de déterminer la possibilité avec l'exactitude que la question comporte, en se basant d'une part sur la relation entre l'alimentation nécessaire et le poids vif des animaux du pays, d'autre part sur le nombre de « charges » que l'on descendait de ces propriétés avant leur transformation.

Passons à l'examen des pâturages. Les pâturages des Hautes-Alpes appartiennent exclusivement aux communes. Suivant l'altitude, on distingue les pâturages de printemps et d'automne et les pâturages d'été.

Les premiers s'étendent par larges bandes le long de toutes les vallées et présentent un aspect de ruine presque complète. Ils sont composés de touffes de gazons rares et circonscrites par des rigoles creusées par les eaux, et de petits chemins horizontaux tracés par le bétail. Cet état a pour cause l'introduction des moutons avant la reprise complète de la végétation, quand la neige est à peine disparue, alors que les herbes soulevées par la gelée ne sont pas encore raffermies. En définitive, il résulte uniquement de l'insuffisance des fourrages d'hiver, qui pousse la population à exploiter de trop bonne heure des versants rapides qui eussent pu rester ou devenir des pelouses épaisses, si l'on avait pris l'habitude de ne les faire pâturer qu'à une époque plus avancée et par un nombre moindre d'animaux. Le mouton, en effet, habilement employé, améliore les pâturages, loin de les abîmer. Ses déjections sont éminemment fertilisantes et sa dent ne devient meurtrière que quand la pauvreté du pâturage ou le nombre le force à attaquer les racines ; à part ce dernier cas, elle provoque le développement de germes nombreux que les graminées portent toujours au collet de la racine. C'est ce que soutiennent tous les agronomes ; « rien ne contribue autant que le pacage des bêtes à laine, a écrit Mathieu de Dombasle, à épaissir l'herbe en la faisant taller, c'est un des soins les plus importants dans la formation des prairies composées de graminées. » Le pâturage du mouton pratiqué prématurément n'est pas d'ailleurs sans inconvénient au point de vue purement ovicole : l'herbe nouvelle, trop aqueuse, ne convient pas à cet animal et l'expose aux maladies putrides ; et si une température froide ou la neige revient, on est obligé de le remettre au fourrage sec, qu'il refuse quelquefois. Ajoutons aussi que les frais de garde occasionnés par ces pâturages à demi ruinés, dont les interruptions ne permettent pas de former de grands troupeaux, non plus que les dangers d'éboulement, sont relativement très onéreux : on conduit les moutons par groupes de dix à quinze têtes, tandis qu'une culture avancée ne comporte pas de troupeaux de moins de cent cinquante têtes pour un berger. Eh bien, encore, aucune amélioration ne dépend davantage de la création de canaux d'arrosage que la restauration de ces pâturages misérables, puisque leur dégradation n'a d'autre cause que le manque de fourrages secs à la fin de l'hiver et l'impossibilité de prolonger la stabulation au-delà de quatre ou cinq mois, inconvénients que des irrigations nouvelles feraient cesser ; puisque, en outre, ces pâturages sont souvent compris dans des périmètres arrosables et pourraient être par là même régénérés directement, à l'aide d'eaux et d'engrais.

Les pâturages d'été, dont la contenance dépasse

100 000 hectares, et dont l'entretien et l'amélioration se rattachent étroitement à la question de la formation des torrents, sont aussi abandonnés presque exclusivement aux moutons indigènes ou transhumants. Les bêtes bovines fréquentent plutôt les prairies après la fauchaison et les forêts de mélèzes sous le couvert desquelles végètent ordinairement des gazons épais. Il est clair aussi que l'augmentation des cultures intensives dans les vallées réagirait de la manière la plus heureuse sur l'exploitation des pâturages de cette seconde catégorie ; en permettant de retenir le bétail plus longtemps à l'étable, elle contribuerait puissamment à les décharger et à faire tomber d'eux-mêmes les abus.

Le conseil général des Hautes-Alpes, reconnaissant les inconvénients du système actuel, n'a jamais cessé de réclamer une tutelle sérieuse de la part de l'Etat sur les propriétés de cette nature jusqu'en 1859 (1). Les essais législatifs sur le reboisement et le gazonnement, de 1860 et de 1864, mirent fin aux discussions de cette assemblée sur ce chapitre, mais sans donner complètement satisfaction au pays.

L'une des principales entraves à toute amélioration sans l'action des pouvoirs publics provient de l'intérêt qu'attachent les propriétaires les plus influents de chaque commune à ne voir introduire aucune innovation dans un système qui leur procure des avantages très grands, la répartition de la jouissance étant le plus souvent basée sur le principe de la proportionnalité des fortunes. Ce principe est bon : il est nécessaire que ceux qui possèdent au pied des montagnes des terres étendues aient la fa-

(1) Voir principalement les Comptes rendus des sessions de 1839, 1840, 1843, 1844, 1851, 1856, 1858 et 1859.

culté de nourrir dans le haut une quantité de bétail en rapport avec l'engrais qu'exige leur domaine ; il est admissible aussi, dans un pays où les exploitations des vallées et de la montagne se complètent réciproquement et sont solidaires, qu'à l'époque où la propriété s'est constitué dans les vallées, les défricheurs aient acquis sur la montagne des droits correspondants aux surfaces mises en valeur par eux, droits dont les détenteurs actuels ont justement hérité. Malheureusement, cette règle de proportionnalité n'est pas même appliquée ; il y a des gens qui s'arrogent des droits illimités, lorsque d'autres ne profitent que du droit minimum de faire pâturer deux vaches et six brebis, nombres d'animaux considérés comme indispensables à l'entretien d'une famille de six personnes. Les conseils municipaux soumettent bien à l'approbation préfectorale de sages règlements, mais c'est une simple formalité, les notabilités chargées d'en surveiller l'exécution étant d'habitude les plus intéressées à en violer les dispositions.

En 1851, M. Dunoyer, préfet à Gap, présenta au conseil général un rapport détaillé sur la gestion des communaux. La situation de ces biens n'ayant été améliorée depuis que sur moins de la moitié de leur contenance comprise dans les périmètres de reboisement et de gazonnement décrétés, le travail en question peut être encore rappelé utilement. M. Dunoyer observa que, peut-être, il n'y avait pas une commune du département qui ne dépassât du cinquième ou plutôt du quart le nombre des bestiaux que l'étendue et la qualité de ses pâturages comportaient ; que cependant le mal déjà commis, quoique immense, pouvait être encore réparé, et il proposa la confection d'un plan et d'une matrice de tous les pâturages communaux et la formation d'une commission dont le rôle serait de les classer en bons, médiocres et mauvais, de déterminer dans ceux des deux premières catégories les nombres de bestiaux admissibles, d'examiner pour chaque localité si la population est à même de parer aux réductions à opérer, de favoriser l'émigration lorsque la réduction équivaudrait à une suppression de parcours, de fixer, en cas d'excédent possible dans les pâturages bons et médiocres, le nombre de têtes de bétail qu'il y aurait lieu de recevoir en troupeaux de Provence, de provoquer enfin la soumission au régime forestier des montagnes interdites et, vu l'exiguïté des ressources départementales, de solliciter du gouvernement des allocations d'indemnités.

Ce programme fut adopté par le conseil général, qui vota de 1852 à 1857 un crédit de 2 000 francs à affecter à l'exécution d'un cadastre et d'une statistique des pâturages, tout en déclarant que le problème du regazonnement ne pourrait être définitivement « résolu que par l'Etat ». D'après les rapports officiels, dès 1853, le nombre des troupeaux se trouvait déjà réduit de 23 579 têtes de moutons sur 27 communes, dont une portion des pâturages fut et demeura soumise au régime forestier. Mais le travail entrepris fut abandonné en 1858 pour des motifs budgétaires.

Quelques communes ont adopté des règlements basés sur le nombre des bêtes hivernées par chaque habitant, au lieu de l'être sur le montant des contributions des chefs de famille ; cette mesure fort simple est le plus souvent très conservatrice, attendu qu'il est rare et presque impossible, vu la conformation topographique du pays, que la contenance des prairies permette d'entretenir en hiver plus de bétail que ne peuvent en nourrir les pâturages d'été ; on l'a adoptée dans plusieurs cantons suisses, où l'on admet en principe que la montagne ne doit recevoir que le bétail provenant, sinon de la commune seulement, du moins de la vallée.

Les taxes au profit des caisses municipales auxquelles donne lieu le pâturage sont très diverses ; elles varient :

```
Pour les bêtes bovines, de........   0 fr. 60 à 3 francs.
    —       —    ovines, de.........   0    30 à 1    —
    —    chèvres, de...............   2    » à 5
```

La taxe appliquée aux bestiaux de commerce est ordinairement double de celle qui frappe les autres, mais beaucoup d'animaux étrangers sont introduits en fraude. Deux communes contiguës, Clémence-d'Ambel et Guillaume-Peyrouse, ont donné un exemple bon à suivre en augmentant cette dernière taxe à l'effet d'empêcher les abus. Reconnaissant la dégradation rapide de leurs montagnes, elles décidèrent, en 1862, d'imposer sur les bestiaux étrangers une taxe de 2 fr. 25. Comme les habitants qui s'en chargeaient ne pouvaient retirer que 2 francs par tête, le commerce qui s'exerçait au détriment des montagnes tomba tout à fait. On affirme dans le Valgodemar que, depuis ce changement, les pelouses se sont améliorées, au point de pouvoir supporter aujourd'hui un nombre d'animaux deux fois plus considérable qu'il y a quinze ans. La population s'est en même temps appliquée à l'extension de la culture du trèfle, elle nourrit en hiver de plus en plus de bétail et profite elle-même tous les ans davantage de l'amélioration de ses pâtures.

En 1876, j'ai eu le plaisir d'accompagner dans une excursion, à Freyssinières, M. Schatzmann, économiste suisse, directeur de la station laitière de Lausanne, qu'un comité protestant lyonnais, qui se préoccupe de l'infortune de ses coreligionnaires des Hautes-Alpes, avait prié de venir étudier sur place les moyens d'améliorer le sort des descendants des Vaudois cantonnés dans la vallée de Byaisse. Après deux jours d'explorations, la population fut réunie. Je ne puis mieux sanctionner les considérations précédentes et d'autres qui suivront que par le rapport de la courte, mais substantielle conférence faite en cette circonstance par cet alpiniste distingué, dont le dévouement, les voyages, les discours et les écrits scientifiques ou populaires ont contribué si largement depuis trente ans au développement de la richesse des montagnes de sa patrie.

« Mes chers amis, ce qui m'a le plus étonné dans l'état agricole de votre vallée, dit M. Schatzmann à ses auditeurs, c'est l'étendue beaucoup trop considérable de vos champs ; il en résulte pour vous d'énormes pertes, des souffrances et des labeurs excessifs surtout pendant l'été. Durant trois ou quatre mois, vos travaux sont épouvantables, ils vous poussent à bout de forces et ruinent votre santé. Le morcellement de vos propriétés, véritablement inouï, tel qu'on nous a fait voir ici et là des pieds de noyers appartenant à plusieurs familles, vient encore augmenter la quantité de travail déjà si considérable qu'exigeraient, sans cela, la pauvreté et l'altitude des terres. Restreignez donc vos labours, vous pourrez mieux entretenir votre bétail ; vous pourrez même l'augmenter. Vous avez 450 bêtes bovines et 200 élèves, vous en nourririez confortablement, si vous le vouliez, un tiers en plus tout en obtenant par tête un rendement supérieur ; tandis qu'aujourd'hui, les vaches, ne recevant que le strict nécessaire pour les empêcher de mourir de faim, ne vous rapportent presque rien. On a trait en notre présence deux vaches ayant vêlé il y a quatre mois à peine, et deux chèvres ; ces quatre animaux ensemble n'ont fourni que 3 litres de lait ! Et cependant votre petite race bovine possède des qualités naturelles précieuses, il ne lui manque que de la nourriture et des soins pour procurer un fort rendement. Voici un exemple encourageant : j'en ai vu de tout à fait semblables dans le canton des Grisons qui rendaient seulement 4 litres et demi de lait après le vêlage et ne pesaient que 250 kilogrammes ; un jour, un voyageur bavarois les remarqua et en acheta douze qu'il emmena dans son pays ; l'année suivante, celles-ci produisirent 12 litres et atteignirent un poids de 600 kilogrammes. Quant au lait de vos vaches, il est de première qualité, de même que vos herbages sont très aromatiques. Votre sol convient à la luzerne, cette plante, même sans arrosage, donnerait de très beaux produits ; toutefois, sans eau, sachez qu'elle est plus difficile à cultiver.

« A droite et à gauche de la vallée, en nous rendant à Dormilhouse, nous avons été frappés par la dénudation presque complète de pentes immenses qui n'offrent plus aux regards, en fait de végétation, que quelques maigres touffes de gazons éparses ; la simple interdiction du parcours pendant trois ou quatre ans suffirait pour permettre à la végétation de s'emparer de nouveau de ces terrains et de les recouvrir de hautes herbes fauchables. Pourquoi n'adopteriez-vous pas cette mesure qui ne vous imposerait que de légères et courtes privations ? J'ai été souvent témoin en Suisse d'exemples de regazonnements opérés par ce procédé si simple. Soyez certains que la mise en défens produirait les plus féconds résultats. Et sur ces pentes et ces plateaux d'une hauteur considérable, dont vous allez faucher les gazons au prix de tant de sueurs et de fatigues, si vous ne pouvez y faire pâturer le bétail, faites des meules : le foin mis en meules n'aura que plus de qualité au bout de quelque temps, et vous le descendrez en hiver sur des traîneaux. C'est la méthode qu'emploient nos montagnards de l'Oberland pour s'approprier les herbes qu'on appelle « *wildheu*, foin sauvage », situées en lieux escarpés, périlleux, inaccessibles au bétail de toutes sortes, et qui seraient perdues si elles n'étaient pas fauchées. Je dois aussi insister vivement pour que vous fauchiez les foins en fleur, au lieu de laisser, comme vous en avez l'habitude, les plantes perdre toutes leurs vertus par la production du grain. Aménagez pour cela régulièrement vos prairies hautes, comme celles analogues de la Suisse, que l'on ne fauche qu'une année sur deux, à l'époque de la floraison, et qu'on abandonne ensuite complètement à elles-mêmes l'année suivante.

« Peut-être le moment n'est-il pas encore venu de créer une fromagerie par association : tout votre lait est nécessaire à la satisfaction du premier de vos besoins, celui d'une nourriture abondante et saine. Mais je vous recommande d'une façon toute particulière d'organiser par actions un autre genre de société, une société de consommation dans laquelle chacun de vous serait à la fois acheteur et débitant. Aujourd'hui vous êtes forcés de payer très cher les denrées indispensables chez les petits marchands auxquels vous vous adressez. Par le système que je vous propose, vous pourriez vous les procurer à très bon compte en faisant des achats en grand. Les ventes se feraient à un taux légèrement plus élevé que les achats, de manière à assurer un certain dividende aux actionnaires. Vous aurez ainsi des farines, supérieures à celles du pays, à bien meilleur marché que celles-ci. En Suisse, ces sociétés sont maintenant très répandues et rendent les plus grands services. »

C'est sur l'urgence de l'organisation de l'une de ces sociétés que M. Schatzmann a surtout insisté, avec beaucoup de raison. Les sociétés coopératives de consommation, en se propageant dans nos Alpes, seconderaient le mouvement le plus utile à déterminer : celui de l'agrandissement des prairies, en résolvant d'une manière pratique la grosse objection que les paysans manquent rarement de soulever lorsqu'on les engage à renoncer à la culture arable, objection motivée par l'absence des notions les plus élémentaires sur l'échange. « Nous reconnaissons, disent-ils, que les champs ne nous rapportent rien ; mais comment ferons-nous pour vivre, si nous cessons d'en cultiver ? » Leur raisonnement avait beaucoup de fondement à l'époque où le pays était dépourvu de voies de communication. Il n'est plus admissible aujourd'hui. La fondation d'un magasin coopératif dans chaque commune procurerait en première ligne aux populations des grains, des farines, du pain, toutes les substances les plus nécessaires : riz, légumes secs, vin, etc., et cela à bon marché, par la suppression des intermédiaires, dont l'inhabileté et le défaut de ressources pécuniaires, en même temps que l'absence de concurrence, ont pour effet, dans les pays arriérés, de renchérir jusqu'au triple les prix de détail sur ceux en gros. La coopération contribuerait par là même à la formation ou à l'accroissement de l'épargne et du capital, sources de tous progrès. Très nombreuses en Angleterre, en Allemagne et en Suisse, les sociétés de consommation se sont également, depuis dix ans, fort répandues en France. Les enquêtes dont elles ont été l'objet ont démontré que, bien administrées, elles pouvaient se contenter de vendre à un prix de 2 à 5 pour 100 seulement supérieur à celui d'achat, pour la gestion, le transport et le déchet. L'étroite union de cette question à la réalisation des améliorations rurales les plus urgentes et du bien-être des populations de nos montagnes m'a fait penser que ces quelques mots en leur faveur ne seraient pas ici hors de propos.

III. DE L'EXPLOITATION DU BÉTAIL.

Il ressort des contenances énoncées au commencement du précédent chapitre, que le bétail est le consommateur nécessaire des produits du tiers environ de la superficie des Hautes-Alpes. De là, l'importance des questions qui s'y rattachent. Le département possédait, au 31 décembre 1873, date de sa dernière statistique générale (1) :

20 917 animaux d'espèce chevaline, asine ou mulassière.
25 632 — d'espèce bovine.
262 055 — — ovine.
22 269 — — porcine.
24 345 — — caprine.

En réduisant ces nombres par la méthode des équivalents, c'est-à-dire en comptant, comme tête de gros bétail, 1 bœuf, 1 cheval, 10 moutons ou chèvres et 4 porcs, nous remarquons d'abord que l'on arrive au chiffre de 14 têtes de gros bétail par 100 hectares, inférieur de 26 unités à notre moyenne nationale, qui égale 40. C'est là un signe de culture très pauvre ou très épuisante.

Nous remarquons ensuite l'élève considérable de la race ovine ; elle constitue le trait le plus saillant dans la population animale des Hautes-Alpes et dénote une économie pastorale toute différente de celle qu'on a adoptée en Suisse, la contrée alpestre qui passe pour utiliser le mieux ses herbages. Le territoire helvétique, dont la superficie est de 40 370 kilomètres carrés, nourrit, en effet, d'après la statistique fédérale de 1876, 368 000 moutons et 1 036 000 bêtes bo-

(1) *Annuaire officiel des Hautes-Alpes pour l'année* 1876, publié par MM. Mangarel et Escallier, chefs de division à la préfecture.

vines : cela fait, sur 100 hectares, 9 moutons et 25 bêtes
aumailles. Ici, sur la même contenance, nous trouvons
cinq fois plus de moutons et cinq fois moins de bêtes aumailles, sans que les circonstances physiques et économiques justifient, ainsi que nous le démontrerons, des préférences si différentes de celles des Suisses.

Le mouton se retrouve aux deux extrémités de l'échelle
agricole : il caractérise la culture la plus perfectionnée et
la plus arriérée. Dans le premier cas, on l'élève en vue de
la viande et de la production du plus grand poids de chair
dans le moindre temps possible ; le pacage est alors forcément bien conduit et n'est nullement destructeur, le but
poursuivi ne pouvant être atteint qu'à la condition d'une
nourriture abondante, fondée sur une relation normale
entre le nombre des animaux et la fertilité des parcours.
Dans le second cas, qui a été jusqu'à présent celui de nos
Alpes, le manque de débouchés, la difficulté des échanges, la routine, ne font envisager au cultivateur que la
production de la laine dont il se vêt et de l'engrais indispensable à ses terres. Celui-ci se déclare satisfait s'il n'a
point à subir une perte, par suite de la différence entre le
prix d'achat et le prix de vente. Le bétail ainsi exploité,
appelé à juste titre « mal nécessaire », n'excite aucune
espèce d'améliorations.

Bien qu'au fond l'engrais soit toujours le produit des
bêtes à laine auquel on attache le plus de prix dans le département, le commerce dont elles sont l'objet est fort
varié. Les communes privées de montagnes pastorales achètent en automne des moutons âgés de deux ans, qu'elles
revendent engraissés au printemps. Celles, au contraire,
pauvres en prairies et riches en pâturages n'en reçoivent
qu'en été : ce sont ou des agneaux que leur envoient les
localités voisines pour être simplement entretenus, ou des

moutons indigènes destinés à être engraissés pendant l'estivage, ou des moutons venant de Provence. A l'extrémité du Val-Godemar, dans certaines montagnes du Dévoluy et d'autres, des moutons sont abandonnés complètement à eux-mêmes, cernés par des limites naturelles, crêtes et rochers au-dessus et en dessous, ravins à droite et à gauche ; ils vivent là pour ainsi dire à l'état sauvage pendant trois mois, et l'on ne s'en préoccupe que pour leur porter chaque semaine du sel sur des rocs où ils s'accoutument à venir le prendre. Dans le Briançonnais, on achète, au printemps, des brebis laitières, qu'on ne garde qu'en été, pour mélanger leur lait à celui des vaches dans la fabrication des fromages, sous prétexte que le lait de vache ne saurait fournir seul un produit comestible, erreur provenant simplement de l'ignorance des bons procédés de fabrication fromagère. Quant aux localités à la fois pourvues de prairies et de vastes pelouses d'été, elles nourrissent des brebis dont on élève les agneaux pour les vendre à six mois ou à un an ; mais ces endroits sont rares. Par suite de ces usages divers, il s'opère une migration presque générale des bêtes ovines de commune à commune et de vallée à vallée, à chaque changement de saison. Nous allons entrer dans le détail de chaque méthode, nous proposant de rechercher quels produits elles procurent, pour arriver ensuite à une comparaison avec ceux qu'on retirerait de la race bovine par l'engraissement ou la laiterie. Nous verrons ainsi, par des chiffres, si la substitution d'une race à l'autre, recommandable au point de vue de l'entretien et de l'amélioration des pelouses, serait également avantageuse pécuniairement ; si, par conséquent, tous les intérêts sont d'accord pour engager les particuliers à l'effectuer.

Le problème est celui-ci : Quels peuvent être, dans nos

Alpes, les meilleurs consommateurs de fourrages, c'est-à-dire les meilleures machines pour les transformer en fumier et en produits échangeables, élèves, laine, viande ou lait ? Nous adopterons, pour le résoudre, la méthode tracée par M. Sanson, professeur à l'Institut agronomique. Elle consiste à estimer la quantité de fourrages consommés en un temps donné et à établir la somme qu'on retire des produits vendus dans le même temps ; cette somme fixe le prix des fourrages employés et de l'engrais ; si elle égale le prix qu'on aurait obtenu des fourrages en les vendant directement, le prix de revient de l'engrais est nul ; si elle est supérieure, il y a, en outre, accroissement du capital engagé ; si elle est inférieure, la différence représente le prix de revient de l'engrais ; et l'opération est bonne, à la condition que cette différence ne soit pas assez grande pour le faire ressortir à un taux égal à celui du marché. Il est d'autant plus indispensable d'adopter ce procédé de comptabilité, que, dans nos hautes vallées, le fourrage ne se vend presque jamais et n'a pas de cours. La recherche du rendement du bétail, fondée sur un prix quelconque attribué au foin, reposerait, par conséquent, sur une fiction. Ne voulant établir une comparaison qu'entre les produits des races ovine et bovine, nous négligerons, dans nos calculs, l'intérêt et l'amortissement des capitaux, les frais de garde, de main-d'œuvre et les pertes, qui, à égalité de fourrages consommés, sont sensiblement les mêmes pour l'une et l'autre espèce. Nous ferons seulement remarquer que, si une différence existait, elle serait défavorable à la race ovine, car il est admis, par tous les cultivateurs, que les moutons ont besoin, relativement aux autres animaux, de locaux plus vastes, plus salubres, et de plus de soins. Nous ne tiendrons pas compte non plus des taxes pastorales, qui, perçues par les caisses municipales, profitent, en définitive, à tous les contribuables de la communauté et ne sont pas perdues pour ceux qui les subissent.

L'entretien de brebis et l'élevage d'agneaux jusqu'à six mois est la spéculation la plus lucrative. On trouve qu'une brebis rapportant 1 franc de laine pendant la première année de son existence ; à partir de la deuxième année, 3 francs de la même marchandise ; la troisième année, un agneau ; à partir de la quatrième année, deux agneaux par an, ces agneaux se vendant 12 francs à six mois, procurant, en plus, 1 franc de laine, on trouve que cette brebis, vendue 12 francs à la boucherie à huit ans, produit, de sa naissance à sa mort.......................... 177 fr.

En déduisant de cette somme le prix de 50 grammes de sel par semaine pour la première année, 100 pour la seconde, 150 pour la troisième, 175 pour les suivantes, en tout de 60 kilogrammes............................. 12

Il reste.. 165 fr.

La mère et les agneaux ensemble ont consommé, à raison de 500 grammes de foin par jour ou de nourriture équivalente pendant la première année, 1 kilogramme pendant la deuxième, 1^k,500 pendant la troisième, 1^k,750 pendant les suivantes, en tout 4289 kilogrammes : 4289 kilogrammes de foin étant payés 105 francs, le prix du quintal métrique ressortant de cette industrie est de 3 fr. 84. Nous nous sommes placé dans l'hypothèse la plus favorable, celle d'une brebis mettant au monde deux agneaux par an, ce qui n'arrive que dans les trente-centièmes des cas. Si la brebis ne produit qu'un agneau annuellement, on obtient, par un calcul analogue au précédent, 2 fr. 62. En tenant compte de la proportion ci-dessus, on arrive au prix de

2 fr. 98 pour représenter la rémunération moyenne de l'élevage.

Dans le bassin de Gap, le centre le plus favorable au commerce de la viande, on engraisse des moutons. Les principaux propriétaires m'ont fourni des extraits de leurs livres de 1868 à 1877. De ces relevés sont résultées les moyennes suivantes :

Les moutons ont été achetés en automne........................... 29 fr. 15
Et vendus au printemps........... 34   34
    Après 42 jours de pâturage en automne et 125 jours de stabulation complète.

Différence.......   5 fr. 19   5 fr. 19
Ils ont fourni 3ᵏ,070 de laine à 1 fr. 55...........   4   76
    9   95
Les frais ont consisté en 3 fr. 17 pour achat de graines et de farines, plus 0 fr. 30 de sel.   3   47
Reste........   6 fr. 48
La quantité de fourrage sec consommé a été de..................................... 194 kilog.
Celle de l'herbe (1), calculée d'après l'alimentation de l'animal à l'étable, représente.. 66
Total.................. 260 kilog.

D'où résulte un prix de 2 fr. 49 par quintal.

Ailleurs, les bénéfices des exploitations du même genre sont toujours moins forts. J'ai entendu l'un des premiers cultivateurs du Champsaur, M. Eugène Davin de la Plaine,

(1) De la foire de la Saint Michel à la Saint-Martin.

3.

expliquer d'une façon très simple et claire sa préférence pour l'entretien de vaches laitières : « L'engraissement depuis 1866, disait-il, n'a presque rien rapporté, les prix de vente au printemps n'ayant pas été sensiblement différents de ceux d'achat en automne, qui ont varié de 28 à 32 francs ; le foin n'a guère été payé que par la laine. Dans les meilleures années de cette période, j'ai gagné 1 200 francs sur 200 moutons ; si, au lieu de ces 200 moutons, j'avais tenu 20 vaches, les veaux seuls m'auraient autant rapporté, et j'aurais eu le lait en plus. La plupart des propriétaires achètent leurs moutons à la foire du 22 septembre et les font pacager dans les prés, après le regain, jusqu'à la Saint-Martin. La garde seule occasionne par troupeau une dépense de 40 francs par mois, non compris la nourriture du berger. J'estime que, tout calcul fait, le quintal de foin ne nous est pas payé plus de 1 franc. »

Dans la partie supérieure de la vallée du Drac, on produit et l'on élève des agneaux, mais les brebis réclament tant de soins que la moitié des propriétaires ont adopté un autre mode d'exploitation. Ils achètent en automne des agneaux de six mois pour les revendre à la même époque de l'année suivante. Un ami zélé du progrès agricole en même temps que praticien réfléchi, M. Sarrazin, d'Orcières, m'a présenté, au sujet de cette méthode, des observations qui confirment pleinement l'opinion de M. Davin. D'après M. Sarrazin,

La plus-value acquise par le jeune mouton en un an est de............................	8 fr. »
La laine produite pèse 2ᵏ,500, qui se vendent à 1 fr. 40 le kilogramme......................	3 50
Total..........	11 50

Or les petites vaches du Haut-Champsaur, qui ne consomment pas plus que 7 ou 8 moutons, donnent 1 veau qui, au bout de 3 mois et demi, vaut au moins 60 francs, et l'on a du lait dont la valeur évidemment, quel que soit son emploi, dépasse toujours la somme de 32 francs, somme représentant la différence entre le rendement de 8 moutons et le prix de 1 veau.

L'industrie des engraisseurs était autrefois plus prospère, sa décadence a deux causes : 1° la diminution du nombre des élèves dans les montagnes qui renchérit les prix d'automne, la concurrence des acheteurs de cette saison n'ayant pas diminué, ayant même plutôt augmenté en raison de l'agrandissement des prairies artificielles ; 2° la stagnation des prix de vente au printemps provenant de ce que le Midi, vers lequel s'écoulent les moutons des Alpes, n'a plus besoin d'y recourir dans la même proportion que jadis pour ses approvisionnements de viande, depuis que de grands canaux fertilisent les campagnes de Vaucluse et des Bouches-du-Rhône et que l'Algérie lui en envoie des quantités toujours croissantes. Nous reviendrons sur ces faits.

Dans le Dévoluy, canton célèbre par ses ruines et la disparition totale de ses forêts, on s'adonne sur les moutons à un commerce particulier. On achète à Arles, au printemps, des agneaux qui sont ramenés par étapes, et revendus après un an et demi d'entretien. L'élevage n'y serait pas possible, parce que, ne récoltant que très peu de regain sur leurs prairies trop élevées pour fournir deux coupes, les habitants ne pourraient donner en hiver aux brebis mères une nourriture assez substantielle pour produire du lait, d'autant plus qu'ils sont obligés de distribuer une forte portion de leurs foins à leurs bêtes de somme dont les forces épuisées en été, surtout par de rudes transports de bois qu'elles rapportent à dos de six heures de distance, demandent d'être réparées par une bonne alimentation durant la suspension des travaux. Aussi, les moutons ne reçoivent en hiver qu'un mélange de paille et de foin. L'engraissement est empêché pour le même motif et serait gêné, du reste, par un autre encore, la difficulté des communications, les trois sorties du Dévoluy étant interceptées par les neiges, battues par d'épouvantables tourmentes et impraticables aux bêtes ovines, à l'époque où se tiennent les grandes foires de moutons gras de Gap et de Saint-Bonnet. La fonction du mouton en Dévoluy consiste donc uniquement à produire de la laine et du fumier. Mais, sous ce dernier rapport, l'habitant tire plus de profits des bêtes à laine que dans toute autre partie du département, parce que le rapprochement des pâturages des villages lui permet d'éviter les transports d'engrais et de pratiquer le parcage. Le canton ne renferme que quatre montagnes pastorales où les moutons séjournent la nuit. Les règlements pastoraux interdisent à tout habitant d'entretenir plus de 200 moutons, et contraignent à les ramener chaque soir sur des parcelles cultivées qu'on assigne à chacun, et d'une contenance correspondante à la superficie pastorale qu'il exploite. Les quelques bergers provençaux venant passer l'été en Dévoluy sont également astreints à cette règle. Suivant des renseignements que j'ai recueillis dans une réunion de propriétaires à Saint-Etienne, chef-lieu du canton, un lot de 100 agneaux s'achète 1 700 francs, produit 500 francs de laine, mange pour 60 francs de sel et se revend 2 700 francs après 18 mois de séjour. Défalcation non faite des pertes évaluées à 100 francs et de 200 francs de frais de garde, on obtient ainsi une plus-value de 1 440 francs, qui, à raison d'une consommation de 1^k,250 de foin par jour et par tête, soit en 548 jours de 685 quintaux, payent le foin brut 2 fr. 10 le quintal. Les cultivateurs qui m'ont exposé cette manière d'utiliser les bêtes à laine ont ajouté que des vaches leur occasionneraient relativement beaucoup moins de tracas et de soucis. La pauvreté proverbiale du Dévoluy n'est pas aussi grande toutefois que le fait supposer son aspect désolé. Grâce à l'énorme quantité d'engrais que déposent les moutons parqués sur les champs, ceux-ci sont, eu égard à leur altitude, très productifs et fournissent 800 hectolitres d'avoine ou de seigle au-delà des besoins locaux ; mais, en somme, ce système, basé sur la dévastation par un pâturage abusif d'une immense portion du sol au profit d'une très faible partie, ne peut être continué longtemps ; son abolition est urgente, et les habitants s'en aperçoivent parfaitement. Beaucoup d'entre eux m'ont affirmé qu'ils étaient disposés à remplacer leurs moutons par des vaches, craignant, disaient-ils, que l'administration ne songe, s'ils n'exécutent pas ce changement de leur plein gré, à mettre « toutes leurs montagnes en interdit ».

Les brebis laitières du Briançonnais sont achetées au printemps 20 francs, âgées de sept ou huit ans, et revendues à la boucherie en octobre 18 francs. A cette perte de 2 francs, différence moyenne entre le prix d'une brebis en lait et celui d'une brebis sèche, il faut ajouter une dépense de 0 fr. 30 de sel. Le fromage fourni est évalué à 4 francs. Le revenu est donc de 1 fr. 70 par tête, ce qui paye le fourrage au plus 1 fr. 40 le quintal, la consommation ayant été au moins de 120 kilogrammes en 120 jours.

Afin d'éviter les pertes provenant de la différence entre les prix d'achat et de vente, et de réunir les avantages du produit laitier et de l'agnelage, il s'est formé dans le Briançonnais des sociétés qui conduisent hiverner leurs brebis en Italie. Les sociétaires émigrent à la Toussaint, louent des pâturages dans les environs de Turin et y font pacager les brebis jusqu'à Noël; puis celles-ci sont nourries à l'étable jusqu'en février; elles pâturent de nouveau les mêmes prés qu'en automne pour les quitter en avril seulement et se transporter plus haut, vers Saluces, d'où elles regagnent nos Alpes le 1er juin. Ces sociétés se composent de cinq ou six membres; ils emmènent chacun une centaine de brebis, et se partagent la besogne, qui consiste à faucher jusqu'à Noël une provision de fourrages pour deux mois, à soigner le troupeau et à fabriquer des fromages et du sérai que l'on vend au jour le jour à Turin. Le chef de l'une des sociétés de Cervières m'a donné les évaluations suivantes : le quintal métrique de fourrage est payé 5 fr. 45 aux herbagers italiens, une brebis en consomme 220 kilogrammes, et elle produit :

1º Un agneau acheté par les bouchers à un mois.	7 fr.
2º En fromage et sérai......................	9
3º En laine..............................	4
Total..........	20
Les frais sont, par tête, de....................	16
Différence.......	4 fr.

C'est encore un bien mince bénéfice que celui d'un propriétaire ne retirant d'un capital-bétail de 2 000 francs après sept mois de travail et d'expatriation qu'un revenu de 400 francs au maximum, car nous ne tenons pas compte des pertes souvent considérables et exceptionnelles occasionnées par ce mode d'exploitation. Elles proviennent de l'avortement qui affecte parfois un caractère épizootique dans ces hivers doux et pluvieux, desquels résulte une nourriture trop aqueuse dont l'effet est d'affaiblir les mères en état de gestation et de provoquer souvent la mort au moment de la parturition. Cette transhumance est aussi nuisible à nos montagnes que celle de Provence, attendu qu'elle permet aux propriétaires de troupeaux de conserver en hiver une aussi grande quantité de têtes que le comportent leurs ressources pécuniaires, sans s'inquiéter de la surcharge qui en résulte en été dans les pâturages du pays ; mais elle est en train de disparaître. Pratiquée jadis par toutes les communes voisines du Piémont, Ristolas, Abriès, Aiguilles, Ville-Vieille, etc., je n'ai plus retrouvé cette coutume que dans les vallées de la Cerviérette et de Péas. Il est à remarquer que le commencement de sa disparition a coïncidé avec l'introduction des *Fruitières* dans le Queyras, il y a trente ans, et que les localités qui ne l'ont pas encore abandonné, Cervières et Souliers, sont celles qui ont adopté en dernier lieu, et depuis cinq à six ans seulement, la manipulation du lait de vaches en association. Au lieu de brebis, on commence à envoyer hiverner des vaches en Italie, dans les vallées voisines de la frontière, vallées très herbagères, pauvres cependant en raison d'une population excessive qui, contrairement à la nôtre, émigre en été et rentre dans ses foyers pour l'hiver. Les conditions sont avantageuses pour tous : nos compatriotes ne payent pas d'argent et concèdent seulement les produits de la vache pendant son absence ; de leur côté, les Piémontais, en soignant bien les bêtes qu'on leur confie, retirent un surplus de nourriture précieux à l'époque où leurs familles sont au complet.

Tels sont les principaux genres d'exploitations ovicoles. On voit qu'ils ne sont pas avantageux. Tout le monde, du reste, en est convaincu. Après avoir interrogé dans chaque commune pastorale les cultivateurs les plus entendus, j'affirme n'en avoir pas rencontré un seul qui ne m'ait déclaré que le commerce des bêtes à laine était devenu, depuis dix ans, des plus aléatoires et que l'on devait sans hésitation s'efforcer de leur substituer les vaches dans la plus large mesure possible.

Autrefois, on ne raisonnait pas de même, la toison seule était un très bon produit déjà ; mais le prix de cette marchandise a baissé de près de moitié. En vingt ans, il est descendu de 2 fr. 50 à 1 fr. 50. Se relèvera-t-il ? Rien n'est moins probable. L'exposé succinct de la situation du marché des laines va le démontrer clairement.

Les événements qui amenèrent insensiblement les cours actuels furent les traités de 1860, l'extension prise au même moment par l'usage des cotons, plus tard des changements dans la mode et certaines inventions mécaniques. Le commerce classe les laines en laines courtes et en laines longues. Les premières ne peuvent être filées qu'après avoir été cardées, et ne sont utilisables que dans la fabrication des draps fins ; les secondes sont peignées et employées à la confection de ces étoffes épaisses et tissus de nouveautés pour lesquels le goût du public s'affirme de plus en plus. De là proviennent l'accroissement du débouché des laines longues et la diminution de celui des laines courtes, à la production desquelles la France et les Hautes-Alpes en particulier s'étaient adonnées. Les perfectionnements introduits dans l'outillage des manufactures empirèrent encore cette situation ; parmi eux, citons seulement un procédé qui permet d'employer aux mêmes usages que nos laines nationales les laines coloniales, en les débarrassant à peu de frais d'une sorte de chardon, dit *gratteron*, qui les avait fait longtemps rejeter des fabricants. Ces progrès et quelques autres surexcitèrent dans des proportions énormes l'importation des laines de la Plata, du Cap, de l'Uruguay et de l'Australie, où ce produit s'obtient à des prix de revient défiant toute concurrence européenne. Le comte de Beauvoir l'a prouvé dans le récit de ses voyages en traçant le curieux tableau de l'un de ces « runs » grandioses consacrés à leur production. Il a vu chez M. Wolseley, au milieu de 100 000 hectares de pâturages, 60 000 moutons paissant sous la conduite de 60 cavaliers, sans clôtures, sans bergeries. 100 000 francs avaient suffi comme première mise de fonds pour construire une habitation de maître, un magasin, acheter des chariots, des chevaux et des brebis ; les frais d'exploitation s'élevaient à 150 000 francs, et le bénéfice net annuel atteignait 500 000 francs (1) ! L'Australie, à elle seule, peuplée de **2** millions d'habitants, possède aujourd'hui **52** millions de moutons et en même temps ne néglige rien pour élever au plus haut degré de perfectionnement sa race ovine ; elle fait venir des béliers de la Saxe et interdit l'introduction de tout reproducteur non primé en Angleterre. Sans doute dans ces pays neufs, la civilisation fera reculer les limites des parcours ; mais les « squatters », chassés d'une région, en envahiront de nouvelles qui leur procureront les mêmes avantages que les premières. De ce côté, aucune modification favorable à l'agriculture de l'ancien continent n'est, par conséquent, à prévoir.

Ajoutons que les nouveaux tarifs votés récemment par le parlement maintiennent l'entrée des laines en franchise. Quels résultats a déjà produits cette exemption de droits ? Avant 1860, nos importations de laines atteignaient à peine la valeur de 50 millions, elles sont arrivées progressivement à dépasser 300 millions (2). Voilà les chiffres qui expriment les changements accomplis dans le commerce des laines.

(1) Australie, *Voyage autour du monde.*
(2) Statistiques officielles.

La baisse de celles-ci n'est donc pas due à une crise passagère, mais à des phénomènes commerciaux présentant des probabilités de durée indéfinie, car aucune réaction protectionniste, s'il en survient jamais, ne sera assez énergique pour lutter contre les avantages si exceptionnels de la culture pastorale extensive de l'Océanie et de l'Amérique du Sud. C'est à quoi le cultivateur alpin doit réfléchir, en supputant ses chances de gain sur les diverses espèces animales, entre lesquelles il est appelé à fixer son choix à l'avenir.

Il nous reste à parler de l'exploitation du mouton connue sous le nom de *transhumance de Provence*. Le revenu que les moutons du Midi procurent aux communes des Alpes est seulement de 0 fr. 75 à 1 franc par tête. Cette taxe est extrêmement faible, eu égard surtout aux dommages occasionnés par eux, dommages qui dérivent non seulement de la surcharge habituelle des parcours, mais aussi des deux causes suivantes relatives uniquement à la mauvaise conduite des troupeaux. Les bergers, toujours trop peu nombreux, ne laissent pas les animaux s'éparpiller dans les pâturages et les forcent à brouter en troupes serrées, dont le piétinement désagrège les gazons. En outre, comme les accidents des montagnes ne leur permettent de traîner à leur suite ni parcs ni cabane mobile, ils ramènent chaque soir le troupeau autour des abris fixes où ils se couchent, de sorte que le fumier de la nuit qui peut-être, s'il était réparti régulièrement par le parcage, ou répandu à la pelle, suffirait, malgré la dent et le pied du mouton, à maintenir les gazons en bon état, s'entasse par lits épais sur un même point et se trouve complètement perdu pour les montagnes ; il l'est même presque entièrement pour l'agriculture, car les habitants des vallées ne viennent que très rarement remplir quelques sacs, dans ces mines d'éléments si fertilisants, on raison de leur éloignement des hameaux. A la fin du siècle dernier, on évaluait le nombre des moutons émigrant du Midi dans les Hautes-Alpes à 200000, et le bénéfice qu'en retiraient les propriétaires provençaux à 500000 francs (3). Depuis lors, le nombre en a progressivement diminué ; je ne pense pas qu'aujourd'hui il dépasse 50000, et bientôt, on peut l'espérer, la transhumance ne vivra plus que par le souvenir au sein de nos montagnes. Une cause puissante amènera infailliblement sa disparition, c'est le développement des irrigations dans Vaucluse, les Bouches-du-Rhône, le Gard et l'Hérault ; il y mettra fin en fournissant aux populations de ces départements le moyen de garder en été tout le bétail qu'elles nourrissent en hiver : c'était l'opinion de Gasparin ; M. Barral a exprimé la même conviction dans son rapport sur les irrigations des Bouches-du-Rhône en 1876. La création de nouveaux canaux dans les Alpes, en mettant la population à même d'hiverner assez de bétail pour utiliser leurs pelouses supérieures, opérerait dans le même sens et hâterait encore ce changement. Nos montagnes profiteraient doublement de l'accomplissement de ce progrès. Elles réaliseraient d'abord immédiatement des bénéfices qu'elles abandonnent aujourd'hui à des plaines étrangères, et bientôt elles ajouteraient ceux qui découleraient de l'application de méthodes ovicoles forcément moins imparfaites, dont la pratique deviendrait possible avec du bétail conservé sans cesse dans le même pays. La transhumance est, en effet, la méthode la plus arriérée, attendu qu'elle est en opposition complète avec les principes de l'élevage scientifique du

(1) *Journal de l'agriculture et des arts du département*, du 1ᵉʳ floréal an XII.

mouton dont le but est la précocité. Il est aisé de le comprendre : provoquant un travail excessif des organes locomoteurs en exigeant en quatre mois de l'animal deux voyages de 50 à 60 lieues, pendant lesquels il est contraint de se contenter de l'herbe qui borde les routes ou des plus mauvaises prairies qu'il rencontre, la transhumance parvient à peine à l'entretenir, très rarement à lui faire acquérir du poids. S'il tombe de la neige dans les pâturages, elle condamne même le mouton à se passer de nourriture parfois pendant plusieurs jours. Quant à la laine du transhumant, elle est de qualité inférieure, ses voyages déterminent une transpiration exagérée et une production abondante de suint qui, en se mélangeant avec la poussière que soulève le troupeau en marche, forme avec elle une croûte résistante. La laine est alors gênée dans son développement, tandis que le jarre ou poil inférieur, sans élasticité et non feutrable, se développe davantage ; de là moins de laine, laine moins belle et plus de jarre.

L'Etat n'est pas complètement irresponsable de l'extension désastreuse prise par la transhumance à un moment donné, car il la favorisait autrefois. On peut lire dans un mémoire, daté de l'an IX, les plaintes amères d'un de ses représentants, Bonnaire, premier préfet des Hautes-Alpes, au sujet des prétentions des communes de son département et des indemnités exorbitantes qu'elles exigeaient, principalement pour le passage des troupeaux. Bonnaire alléguait que ces vexations avaient eu pour effet de diminuer la transmigration des quatre cinquièmes, et déplorait en même temps l'insuccès de la mission d'un propriétaire des Bouches-du-Rhône, que le ministre de l'intérieur avait chargé, en l'an VI, de parcourir les Alpes pour conférer avec les administrations municipales et déterminer une entente (1). Aujourd'hui, contrairement, on fait de l'abolition de cette coutume une question d'intérêt public. Le moyen de la faire cesser aussi rapidement que possible et sans léser aucun intérêt serait, je pense, celui-ci : procéder à une enquête minutieuse chez toutes les communes qui expédient des moutons transhumants, et chez toutes celles qui en reçoivent; s'enquérir auprès des premières des canaux à créer, colmatages, etc., qui permettraient d'y conserver les moutons en été; auprès des secondes, des améliorations agricoles qui fourniraient assez d'herbages pour nourrir à l'étable, pendant sept à neuf mois, un nombre de têtes correspondant à l'étendue des pâturages qu'elles louent aux bergers de Provence; et par application de la nouvelle loi, subventionner les travaux indiqués.

Les chèvres sont dix fois moins nombreuses que les moutons dans les Hautes-Alpes, et servent principalement à la nourriture des familles. La chèvre est de tous les animaux domestiques le plus productif. Une chèvre adulte mange 2 kilogrammes de foin par jour, cinq mangent donc autant qu'une vache des Alpes, mais donnent au moins un tiers de lait en plus. Malheureusement, au pâturage, en liberté, cet animal détruit tout ce qu'il attaque. Toutefois, depuis longtemps, des efforts sérieux ont été entrepris pour en diminuer le nombre et le restreindre au chiffre nécessaire à l'usage des pauvres ; un arrêt du parlement de Grenoble, du 11 août 1735, interdisait expressément, sous des peines sévères, d'en entretenir aucune, sans autorisation spéciale. Des municipalités même ont pris l'initiative de mesures restrictives ; quelques-unes en ont interdit l'entretien, d'autres ont obtenu une réduction

(1) *Mémoire sur la statistique des Hautes-Alpes*, par le citoyen Bonnaire, préfet, an IX.

très forte, en les frappant par des taxes qui s'élèvent jusqu'à 5 francs.

La chèvre produit des fromages frais très estimés, qui ont pour type le Mont-d'or, dont la fabrication a enrichi considérablement le canton de ce nom. Mais son lait communique, en vieillissant, aux fromages à pâte ferme, un goût de suif qui le fait exclure des établissements destinés à la fabrication des fromages de conserve et d'exportation. Il y a donc lieu de croire que des distributions d'encouragement à de grandes fromageries dans les vallées alpestres, qui ne peuvent fabriquer avantageusement que des fromages de longue conservation, tendraient à y diminuer le nombre de ces animaux.

Étudions maintenant le rendement de l'espèce bovine. La race locale n'est pas spécialisée. On lui demande à la fois travail, viande et lait; c'est-à-dire qu'elle ne fournit aucun de ces produits dans de brillantes conditions. Toutefois, par sa taille, cette race est appropriée au milieu orographique dans lequel elle est fixée ; petite et agile, elle gravit aisément les pentes escarpées et sait rechercher activement sa nourriture sur des sols même très maigres. Les 25000 individus existants comprennent 16000 vaches laitières, 3000 bœufs et 6000 veaux ou élèves. Le lait est donc le principal produit de l'espèce. Nous en parlerons en premier lieu.

Relativement à l'abondance de la sécrétion mammaire, Guenon a classé les vaches en six ordres, dont les sujets moyens produisent 3600, 2430, 1680, 990, 540 et 165 litres par an. D'après de très nombreux renseignements recueillis sur tous les points des Hautes-Alpes, et dont la concordance est pour nous une garantie d'exactitude, nous avons reconnu que la grande majorité des vaches du département appartient au quatrième ordre de Guenon.

Nous admettrons donc qu'elles fournissent en chiffres ronds 1 000 litres, qui, répartis sur 210 jours de lactation, donnent une moyenne de près de 5 litres, ou de $2^l,75$ divisés entre tous les jours de l'année, en partant d'un maximum de 8 litres immédiatement apres le vêlage. On remarque, si l'on compare entre eux les animaux des différents cantons, que la valeur lactifique des sujets est proportionnelle aux facilités de débouchés et aux prix qu'on retire du lait, d'où il est permis de conclure que ce ne sont pas des circonstances physiques, indépendantes de la volonté humaine et insurmontables, qui motivent l'infériorité relative de la race. Les meilleures vaches se rencontrent dans les rayons de consommation de Gap, d'Embrun et de Briançon, où le litre de lait se vend, à demi écrémé, de 20 à 25 centimes. Viennent ensuite les vaches du Bas-Champsaur, dont la production atteint 1 100 à 1 200 litres, puis celles du Briançonnais, qui rentrent dans la quatrième classe de Guenon, enfin celles des vallées latérales de la Durance dans l'Embrunais, de Crévoux, Vars, Freyssinières, etc., qui ne produisent pas plus de 600 litres par an.

Les causes principales de cette infériorité sont les suivantes :

On enferme le bétail dans des étables malsaines, construites sans fenêtres d'aération, sans écoulement, souvent à un niveau plus bas que le sol extérieur, et pavées en pierres au lieu de bois, comme il le faudrait quand la litière n'abonde pas. Ces vices de construction sont si prononcés dans certaines communes que celles-ci passent pour ne pas pouvoir entretenir de vaches, attendu qu'elles y deviennent toujours victimes de rhumatismes qui empêchent de les conserver. On ne panse jamais les vaches, on les laisse couvertes de croûtes épaisses qui empêchent l'accomplissement des fonctions cutanées. On les condamne dans nombre de vallées à travailler tout le jour au lieu de trois à quatre heures seulement, temps qu'on ne doit pas dépasser sous peine de diminuer l'activité des mamelles. Le regain, le fourrage qui convient le mieux aux vaches laitières, leur est distribué en hiver ; seulement, on le mélange d'une trop grande quantité de paille. Ainsi administrée, la paille sort de son véritable rôle, qui est simplement celui d'adjuvant destiné à augmenter le coefficient de digestibilité de l'aliment auquel elle est associée, car elle n'a par elle-même qu'une très faible valeur alibile. Mais il faut surtout reprocher au paysan des Alpes d'entretenir un nombre d'animaux au-dessus de ses moyens. Chacun tient à honneur de garder au moins autant de têtes que « ses pères », et l'on m'a souvent affirmé que cette habitude serait des plus difficiles à déraciner. Il en résulte cependant plus de chances de pertes, une augmentation de main-d'œuvre et une diminution de produit. De ces inconvénients, les deux premiers sont évidents par eux-mêmes, le troisième s'explique pour ainsi dire mathématiquement. La ration des herbivores se divise en deux parties : l'une, dite d'*entretien*, est évaluée à une quotité égale au soixantième du poids de l'animal ; l'autre, dite de *production,* se transforme en viande, lait, etc. Mieux on nourrit les animaux, plus le rapport entre cette seconde ration et la première, qui est fixe, augmente, plus il y a de fourrages utilisés. Par conséquent, une vache paye le fourrage d'autant plus cher qu'elle en consomme davantage, et il se trouve démontré par là même que les bénéfices d'un propriétaire sont d'autant plus grands que son fourrage se trouve partagé entre un nombre de vaches plus petit. En hiver, les vaches des Alpes souffrent de la faim ; au printemps, elles se jettent avec voracité sur l'herbe fraîche. Ce brusque changement de régime occasionne des maladies qu'une meilleure entente de la répartition des ressources alimentaires éviterait. On pense sans doute que, lorsqu'elles ne sont point en état de lactation, le seul intérêt est d'entretenir la vie chez elles. Les vachers suisses ne sont point de cet avis : « Le lait, disent-ils, se fait en hiver », et c'est avec raison; le retour du vert et de l'abondance ne produit beaucoup de lait qu'à la condition que les vaches aient été constamment maintenues à un bon régime, c'est une question de gymnastique fonctionnelle. Il est regrettable enfin qu'on ne se préoccupe pas davantage du choix des reproducteurs, qu'on les emploie en nombre trop restreint et à un âge trop jeune, souvent à un an, et même avant.

Nous sommes entré dans ces détails afin que l'on voie qu'en mettant fin simplement à la routine et à de défectueuses pratiques, on déterminerait déjà, presque sans frais, sur le revenu des vaches une augmentation notable, capable d'encourager leur multiplication.

Quel prix tire-t-on en général du lait dans les Hautes-Alpes ? Une brochure de M. Gaduel, avoué à Gap, répandue en 1863, afin d'engager les habitants de Champsaur à fabriquer des fromages en société, contenait l'appréciation suivante concernant le rendement du laitage dans cette vallée, une des plus favorisées du département, remarquons-le, sous le rapport des débouchés. Un propriétaire de deux vaches fournissant chacune 4 litres de lait par jour obtient par semaine d'un total de 56 litres :

3ᵏ,722 de fromage à 1 franc.................... 3 fr. 73

1 ,866 de beurre à 1 fr. 70.................... 3   17

En petit-lait et serai.................... 0   75

Total.......... 7 fr. 65

Sa femme emploie la moitié de son temps
à la manipulation de ce lait, c'est-à-dire
6 demi-journées représentant, à 0 fr. 50,
l'une............................. 3 fr. »

Plus, une journée entière, pouvant être
évaluée à..................... 1   25
pour le transport et la vente au marché
du beurre et du fromage, soit............. 4   25

De sorte que, sans compter le bois consommé, le
rendement net de 56 litres de lait est seulement de............................. 3 fr. 40
Et celui du litre de lait, de 6 centimes par conséquent.

Ces frais ne sont pas exagérés, comme ils le paraissent
de prime abord. Lorsque les vaches couchent aux chalets,
les femmes chargées de la laiterie s'y rendent le soir pour
la traite, y passent la nuit et une partie de la matinée
du lendemain qu'elles emploient à la fabrication du fromage: elles perdent donc bien la moitié de leur temps. A
la vérité, ce système ne dure que quatre mois; mais, en
revanche, certaines pertes n'ont pas été comprises
dans le compte ci-dessus, par exemple celles qu'on subit
à l'époque des grands travaux de la campagne, où le laitage est si négligé que souvent il s'aigrit faute de soins,
et à d'autres moments quand on en a trop peu pour en-
treprendre de le travailler, et qu'on se contente de l'écré-
mer pour donner le reste aux porcs.

En dehors de huit ou dix communes qui possèdent des
fromageries coopératives, à l'étude desquelles nous consa-

crerons plus loin quelques pages, nous ne connaissons
que trois localités qui sachent fabriquer des fromages :
c'est Orcières et Champoléon, dont les produits se vendent de 140 à 160 francs les 100 kilogrammes, ensuite
Fontgillarde en Queyras, où de longue date le bétail et le
lait sont traités avec un soin exceptionnel. Il y a trois ans,
j'ai visité dans ce dernier village une famille qui venait
de vendre pour 444 francs de fromages produits par une
seule vache et quatre brebis, résultat relativement magnifique qui suppose, de la part de la vache, une production de 2000 litres au moins et prouve de nouveau que là
où l'on sait utiliser le bétail, on sait aussi se procurer des
animaux de choix et les entretenir dans de bonnes conditions.

Le lait consacré à l'alimentation des veaux rapporte
également fort peu. On a coutume de conserver les veaux
de trente-cinq jours à trois mois, suivant que les pratiques de la laiterie sont plus ou moins profitables. D'après
les données les plus favorables aux propriétés nutritives
du lait, 10 litres produisent 1 kilogramme de viande. Le
veau se vend aujourd'hui, chez le cultivateur, de 80 à
90 francs le quintal ; cette somme correspond à une consommation de 100 litres, le litre se trouve être payé à
raison de 8 à 9 centimes, par cette industrie. Toutefois,
ce résultat n'est vrai que pour la première période de la
vie du jeune animal ; au bout d'un mois environ, l'allai-
tement des veaux de boucherie devient toujours plus
coûteux, le rapport entre la quotité des aliments administrés et le croît s'abaissant de plus en plus. L'équivalence
alimentaire du lait par rapport à celle du foin fixée à 100
est exprimée par 148 ; si le foin vaut 6 francs le quintal,
le même poids de lait employé à la nourriture des animaux
n'est donc pas évaluable à plus de 5 fr. 85. Ce dernier

chiffre confirme ce que nous disions au sujet du lait converti en fromage, que son rendement ne dépasse pas 6 centimes, car sans cela on ne prodiguerait pas le laitage pendant trois mois à des veaux qui cessent de le payer à ce prix, à partir à peu près du trente-cinquième jour.

Si nous voulons calculer le rendement du fourrage par la vache, il nous reste à établir le montant de sa consommation. Nous savons que l'emploi le plus économique des fourrages ne consiste pas à le mesurer strictement aux animaux, qu'il faut au contraire leur en faire absorber la plus grande quantité possible, pourvu qu'ils soient aptes à en bien profiter. Mais, pour arriver à un terme de comparaison entre les moutons et les vaches laitières, nous sommes forcé d'adopter une base précise. Nous nous arrêterons à la ration de 3,3 pour 100 du poids vif, maximum indiqué par les agronomes (1).

Cela posé, la vache moyenne des Hautes-Alpes, qui pèse

(1) Un soixantième du poids de la bête vivante, dit M. Villeroy, représente le poids du foin nécessaire pour l'entretien de la vie et forme ce qu'on nomme la ration d'entretien, tandis qu'il faut, pour la ration de production, 3 1/3 pour 100 ou 1/30 du poids de la bête vivante. (*Laiterie, Beurre et Fromage*, p. 46.) Le docteur Sacc fixe également la ration nécessaire aux herbivores à 3 1/3 pour 100 de leur poids. (*Chimie des animaux*, p. 6s.) Thaër n'estimait qu'à 10 kilogrammes de foin la quotité de nourriture qu'exige une vache de forte taille, ce qui veut dire un poids de 400 kilogrammes au moins. Mathieu de Dombasle n'évaluait aussi qu'à 10 kilogrammes la ration des vaches des environs de Roville, et leur produit était de 1 410 litres. Suivant M. Magne, « dans les campagnes on a, en général, intérêt à ne pas dépasser l'équivalent de 3 kilogrammes de foin pour 100 du poids vif des vaches ». (*Choix des vaches laitières*, p. 98.)

270 kilogrammes (1), doit manger tout au plus par an 32 quintaux et demi de foin ou leur équivalent nutritif. Si elle fournit 1 000 litres de lait, son produit se décomposera ainsi très approximativement :

    250 litres absorbés par un veau qui, à 35 jours,
        pèsera 55 kilogrammes, donneront à 0 fr. 85
        le kilogramme. . . . .   46 fr. 75
    750 litres à 0 fr. 06 donneront.   45   »
                                                            ____
                            Total. . . . .   91 fr. 75
    A déduire : 5 kilogrammes de sel à 0 fr.20. . . .   1   »
                                                            ____
                                                        90   75

90 fr. 75 payant 32,50 quintaux de foin *au plus*, le prix du quintal ressort à 2 fr. 79 *au moins*.

Après l'examen des procédés actuels de laiterie, voyons les résultats de l'engraissement des bœufs. On engraisse des bœufs dans les montagnes voisines de la Durance : à Névache, Saint-Pancrace, Vallouise, Réotier, Château-roux, Embrun, les Orres, Réallon, etc. Ces bœufs, achetés dans les communes à céréales, après avoir servi au travail jusqu'à sept ou huit ans, sont abandonnés complètement à eux-mêmes et sans abri, dans les pâturages d'été. Ils pèsent 360 kilogrammes et rendent, année moyenne, 25 francs par tête de bénéfice après quatre mois d'inalpage. Dans l'hypothèse qu'ils consomment par jour l'équivalent de 3,3 pour 100 de ce poids, en fourrage sec, celui-ci se trouve payé par eux à raison de 1 fr. 75 le quintal métrique.

On voit que l'industrie des engraisseurs de bœufs n'est pas très profitable dans les Hautes-Alpes. C'est que la viande n'y trouve pas d'écoulement à un taux supérieur à 70 ou

____

(1) *Annuaire officiel des Hautes-Alpes*, 1870.

80 francs par quintal de poids vif. Or il faut, pour que l'engraissement du bœuf soit rémunérateur, que le prix du kilogramme soit de 1 franc au moins, pris chez le cultivateur; c'est l'avis de tous les auteurs agricoles. Malheureusement pour nos montagnes, les pays riches et industriels du Nord, où les salaires sont élevés, et dont le climat dispose à une nourriture plus animale que celui du Midi, payent seuls la viande à ce prix, qui n'a jamais été obtenu dans le département. Il faut que l'on sache aussi qu'il vient de surgir pour nos Alpes, sur le marché de la viande, une concurrence nouvelle et des plus redoutables de la part d'une contrée limitrophe, où l'eau et le soleil favorisent extraordinairement la végétation herbagère. Depuis que l'invention de l'alizarine artificielle a ruiné complètement le commerce de la garance, qui versait annuellement 60 millions entre les mains des cultivateurs des deux ou trois départements voisins, ceux-ci s'adonnent à la production de la luzerne. Ils réussissent parfaitement et retirent jusqu'à 10 000 et même 15 000 kilogrammes de foin par hectare. Provisoirement, ce foin est en grande partie exporté après avoir passé sous presse, et son prix, à Avignon, est déjà descendu de 10 à 6 francs. Mais bientôt, afin de maintenir la luzerne à de hauts rendements et la cultiver de la façon la plus rémunératrice, on reconnaîtra la nécessité de joindre la fécondité de l'engrais à celle de l'eau et de conserver les fourrages. Alors, au fur et à mesure que des capitaux se formeront et permettront de construire des étables et d'acquérir des producteurs, on introduira un bétail plus nombreux [1]. Déjà les agriculteurs vauclusiens se distinguent dans les concours régionaux par des envois de bovi-

---

[1] Voir *les Irrigations dans le département de Vaucluse*, Barral.

dés de premier mérite : au dernier concours de Gap même, en 1876, les plus remarquables sujets provenaient de leurs étables. La municipalité d'Avignon a encouragé ces tendances en créant des foires où l'on trouve des bœufs que le commerce amène en automne de différents points, et qu'on engraisse en quatre mois de stabulation permanente. Les irrigations des Bouches-du-Rhône engendrent des résultats semblables, et là, certains villages, où l'on n'aurait pas trouvé, comme en Vaucluse, une seule paire de bœufs il y a dix ans, en nourrissent aujourd'hui plus de cent paires chaque hiver. Ainsi s'annonce l'avenir agricole d'un pays situé au pied des Alpes et qui formait naguère le plus important débouché de leurs moutons et bœufs. Ce pays se suffira prochainement à lui-même, peut-être exportera-t-il de la viande à son tour. Enfin l'Algérie, nous l'avons dit déjà, prend une part de plus en plus active à la lutte et se prépare à devenir une des plus riches sources des marchés de viande méditerranéens. Ses progrès, constants sous ce rapport, ressortent avec éclat d'un tableau inséré dans l'enquête agricole de 1866 et de la dernière statistique officielle annuelle publiée ; les chiffres de ses importations se sont élevés :

```
Pour les brebis et mou-
    tons de.............. 16 000 en 1865 à 669 000 en 1879
Pour les bœufs........  3 000   —     à  33 000   —
```

Et le gouvernement va rendre plus fructueux encore les efforts de notre colonie par la prochaine création, chez elle, d'une bergerie nationale et d'une école de bergers, comme celles de Rambouillet, qui ont rendu de si célèbres services.

On verra, dans la suite, que les produits laitiers des Alpes, qui déjà aujourd'hui payent le foin plus cher que l'engraissement, n'ont pas autant de chances de concurrence à courir que le commerce de la viande. Mais, avant de parler avec plus de détails de la laiterie, nous tirerons encore un argument sérieux, en faveur de son extension, de la nature des fourrages du pays. Les aliments qu'on distribue au bétail ne possèdent pas tous des propriétés semblables : l'un développe plus particulièrement le tissu adipeux ; l'autre exalte la sécrétion des mamelles. Dans une culture raisonnée, on doit opter entre l'engraissement ou le laitage, d'après les ressources dont on dispose. Appliquons ce principe aux Hautes-Alpes.

Le bœuf à l'engrais réclame de très riches pâturages lui permettant de se nourrir à satiété sans sortir d'une tranquillité presque complète, et à défaut de ces herbages exceptionnels on conseille des tubercules et des fourrages-racines, pommes de terre, betteraves, carottes, topinambours, navets, des tourteaux de lin, d'œillette, de colza, des farines, des grains d'orge et d'avoine, des fèves, des résidus de distillerie, etc. Le trèfle et la luzerne, quoique fournissant une alimentation plus productive en chair que les prés naturels, employés seuls, sans farineux ni tourteaux, sont insuffisants si l'on veut éviter un engraissement trop coûteux. Au contraire, la nourriture qui convient le mieux aux vaches laitières consiste en fourrages verts et autres aliments très délayés dont la portion aqueuse dissout les principes destinés à former les matières nutritives contenues dans le lait. Selon Wœlker, chimiste de la Société royale d'agriculture d'Angleterre, les pâturages permanents en été, et en hiver le foin provenant de prairies constituées par de bonnes graminées fournissent les produits laitiers les plus fins ; les betteraves donnent un lait aqueux d'une saveur désagréable, les tourteaux de lin ne procurent un lait abondant et riche qu'à la condition d'être employés très frais et purs, sinon, ils peuvent même altérer la santé des vaches (1)... Arthur Young a fait cette autre remarque que les vaches nourries à la luzerne donnent plus de lait que celles qui sont alimentées par le trèfle, mais moins que celles qui mangent l'herbe d'une bonne prairie », ce qui s'explique par les variétés infinies d'espèces parfumées et condimentaires que contiennent les prés naturels et que n'offre pas le foin des prairies artificielles. Les pratiques de toutes les contrées pastorales les plus expérimentées viennent à l'appui des observations ci-dessus. En Suisse, l'importance de l'engraissement n'est pas comparable à celle de la production fromagère, c'est précisément le pays de l'Europe où les pâturages et les prairies naturelles occupent la plus grande surface relative. En Hollande, un triage fondé sur la diversité des productions fourragères s'est accompli; dans le Sud, où fonctionnent 280 distilleries, 20 000 bœufs et un nombre considérable de veaux sont annuellement engraissés, de vastes cuviers contenant les résidus de ces usines parsèment les pâturages, et l'expérience a conduit les distillateurs qui vendent du beurre et du fromage à en employer moins que les autres ; ailleurs, dans le Zuid Holland, le Westland et le Schirland, où l'alimentation du bétail commandée par la nature des lieux se résume en deux mots : *pâturage et foin*, on ne trouve plus que des vaches laitières (2). En Angleterre, le comté de Chester est celui qui proportionnellement possède le plus de prairies naturelles : c'est justement le point du Royaume-Uni où l'industrie laitière

(1) *La Production du lait en Angleterre*. (H. Sagnier, *Revue scientifique*, 1874.)

(2) Voir *la Race bovine des Pays-Bas*. (Sanson, *Journal de l'agriculture* du 25 novembre 1876.)

fleurit le plus. La France offre des exemples de spécialisations semblables : nos montagnards du Jura et de la Savoie accordent depuis longtemps leurs préférences à la production laitière, dirigés par les mêmes motifs que leurs voisins de la Suisse, et plusieurs vallées du Centre et de la Normandie qui suivaient autrefois une autre voie, les imitent aujourd'hui ; ainsi, dans le fameux pays d'Auge, où de temps immémorial les cultivateurs se livraient exclusivement à l'engraissement, la substitution de la vache à lait s'opère actuellement et « cette substitution, dit M. Morière, professeur d'agriculture du Calvados et doyen de la faculté des sciences de Caen, a produit depuis quinze ou vingt ans une augmentation des prix de location des exploitations et décidé les propriétaires et fermiers à donner plus de soins qu'ils ne l'avaient fait précédemment à la tenue de leurs herbages, ainsi qu'à la préparation du beurre et du fromage ».

Comme dans nos Alpes, les plantes industrielles qui permettent d'engraisser le bétail à bon marché manquent absolument, ou ne réussissent pas bien, tandis que les prairies et les pâtures qui conviennent particulièrement aux vaches abondent déjà et peuvent être agrandies, la conclusion naturelle de ce qui vient d'être lu est que la production du lait doit être préférée à celle de la viande au point de vue des espèces de fourrages disponibles.

Dans l'examen des divers modes d'utilisation des fourrages, nous ne nous sommes pas arrêté à la question de leur débouché en nature, bien que quelques communes exportent du foin depuis qu'un chemin de fer parvient à Gap. Peu de mots suffisent pour démontrer que ce commerce ne peut s'étendre. Les fourrages et les pailles, étant les éléments essentiels de la production des engrais, font partie intégrante du capital d'exploitation, on ne saurait l'en supprimer sans ruiner l'exploitation elle-même; cette opération n'est donc avantageuse qu'à proximité des grands centres, qui permettent de reconstituer le capital de fertilité à peu de frais, en fournissant, en compensation, des matières fertilisantes à bas prix. Ce n'est évidemment pas le cas des Alpes.

Les considérations précédentes, moins favorables à la production de la laine et de la viande qu'à l'industrie laitière, conduisent à rechercher quelle forme il y aurait lieu d'adapter à celle-ci pour l'élever au plus haut degré de prospérité. Ce sera l'objet du chapitre suivant.

IV. DES ASSOCIATIONS LAITIÈRES.

L'association est un des moyens les plus capables d'accroître les effets du travail, de développer la production et de faciliter les échanges ; on l'a appliquée à l'industrie laitière ; l'organisation qui en résulte s'appelle fabrication en *fruitière,* du mot *fruit,* dénomination ordinaire du produit annuel des vaches dans les pays de montagnes.

La fruitière est le local destiné à recevoir le lait des cultivateurs associés. Une commission nommée par les intéressés est chargée de l'administration générale de l'établissement, de la constatation et de la répression des contraventions au règlement adopté, et de la vente des produits de la fromagerie, dont les bénéfices sont partagés au prorata de la quantité de lait fournie par chacun. — L'utilité des fruitières résulte de l'impossibilité dans laquelle se trouvent les localités éloignées des grands centres de consommation de tirer un parti avantageux du lait autrement que par sa transformation en produits susceptibles d'être conservés et exportés à de grandes distances, produits dont la fabrication exige toujours de grandes quantités de lait. — Elles procurent donc premièrement par la nature de leurs produits des débouchés éloignés. — Secondement, de la manipulation en commun résultent une économie considérable de temps, de travail et de bois et d'autres avantages dont voici les principaux : — la grande quantité de lait versée tous les jours à la fruitière permet de n'employer à la confection du beurre que de la crème fraîche, condition essentielle pour obtenir un produit délicat, tandis que dans les petits ménages on ne fabrique du beurre que chaque huit ou quinze jours ; — par la fabrication en grandes masses, le fromage acquiert une qualité moyenne et marchande, il est sujet à moins d'accidents, se dessèche moins vite et se corrompt plus difficilement ; — les manipulations fromagères, quoique purement empiriques jusqu'à présent, exigent une grande expérience et des connaissances pratiques que ne possèdent pas la plupart des ménagères qui s'y adonnent ; en fruitière, la fabrication opérée par un ouvrier habile dans des locaux spécialement appropriés et par des méthodes perfectionnées, assure une production fromagère de qualité supérieure. — L'organisation dont nous parlons réunit donc les bienfaits de la division du travail à ceux de l'association. — En résumé, les fruitières font jouir la petite culture des avantages de la grande propriété. — Elles rendent aussi de grands services si l'on veut, comme établissement de crédit agricole, en permettant d'avancer aux sociétaires de l'argent qui se trouve garanti par leurs apports.

L'histoire de l'extension des fromageries coopératives et la divulgation des efforts entrepris depuis quelques années par les sociétés et la presse agricoles pour les répandre nous paraissent de nature à exciter l'émulation des contrées qui n'ont point encore accordé à cette branche de l'agriculture le rang qu'elle mérite ; nous la retracerons rapidement. Nous citerons ensuite divers exemples éclatants de succès, auxquels nous joindrons quelques extraits, très persuasifs, tirés des ouvrages agronomiques les plus autorisés parmi ceux qui ont recommandé les associations laitières.

Les premières fruitières apparurent dans les montagnes de la Franche-Comté ou de la Suisse, à une époque déjà très reculée ; mais les fromageries coopératives ne se multiplièrent considérablement qu'à partir du commencement de notre siècle. Aujourd'hui, les départements du Doubs et du Jura tirent chacun un revenu de 8 millions, et l'Ain un revenu de 3 millions de celles qu'ils possèdent. En 1850, elles s'introduisirent en Amérique, et, depuis, douze cents fabriques de fromage montées par association s'établirent dans le seul Etat de New-York. Un rapport de la Société des agriculteurs laitiers américains a constaté qu'en cette contrée la même quantité de nourriture produit deux fois plus de bénéfice employée à l'alimentation d'une vache, au lieu de l'être à l'engraissement d'un bœuf (1). En 1870, on inaugura de grandes fromageries du même genre en Angleterre ; les producteurs anglais ne coopèrent pas directement à la vente, comme ceux de nos montagnes du Jura, mais ils vendent leur lait à des capitalistes qui leur procurent à prix fixe un revenu assuré ; c'est néanmoins l'esprit d'association qui forme la base de l'entreprise et la rend avantageuse. Des associations fromagères, encouragées par des primes du gouvernement, se sont également établies récemment dans le Milanais.

(1) Conférence de M. Tysdall au concours de Smithfield en 1876, rapportée au *Journal de l'agriculture*, du 9 mars 1878, par M. de la Trehonnais.

Sur plusieurs points de la France, de grandes usines analogues aux nouvelles fabriques anglaises sont en pleine prospérité. M. Bailleux réunit, dans deux établissements situés dans la Meuse et la Haute-Marne, le lait de 3000 fournisseurs qui lui envoient à certains moments jusqu'à 30000 litres de lait par jour. Détail intéressant, M. Bailleux avait débuté en 1856 avec le concours de quatre cultivateurs qui ne lui livraient que 60 litres chacun. M. Lecomte a créé à Villeblevin (Yonne) une fromagerie d'une importance presque égale aux précédentes. Ces grands fabricants ont depuis peu de temps, paraît-il, des imitateurs dans le Rhône et le Loiret.

Des centres d'instruction et d'expériences laitières ont été récemment institués dans la plupart des États européens. La Suède marche en première ligne. Elle a fondé deux écoles spéciales, où sont professées toutes les connaissances nécessaires à l'exploitation d'une laiterie, et dont les élèves, destinés à devenir instructeurs, passent ensuite, pour compléter leurs connaissances, au service de vacheries privées, très bien tenues et subventionnées par l'Académie royale d'agriculture. Deux professeurs nomades sont, en outre, chargés de conférences dans tout le royaume; ils enseignent l'élevage, la nourriture, le traitement des bestiaux, l'amélioration des races, et proposent des créations d'étables et de laiteries modèles (1). La Russie a ouvert une école de laiterie en Finlande, à Jarwikyla. Une importante station expérimentale a été établie, sur son propre domaine de Baden et Mecklenbourg, par le comte de Schliesfenberg. Une autre, dans le Schleswig-Holstein, a reçu une subvention de 51000 francs du gouvernement et d'une so-

---

(1) Voir *la Suède*. Exposé statistique par le docteur Elie Sidenbladh. Traduit en français par Robert Sager.

ciété d'agriculture. La même province possède, en outre, deux écoles de laiterie, dont une traite le lait de 600 vaches ; une nouvelle école semblable vient d'être organisée à Hans-Geist en Westphalie. Une station laitière, qui rend des services multiples, a été créée à Lausanne par la Société suisse d'économie alpestre ; sa mission est de fournir des plans de fromageries, chalets et étables de montagnes, des renseignements sur le matériel nécessaire, de former des maîtres fruitiers, de tenir le public au courant, par une exposition permanente, des progrès qui s'accomplissent et de procurer elle-même les appareils et instruments nouveaux au même prix que chez les fabricants. Enfin, son directeur ouvre des cours dans les différentes contrées où le besoin s'en fait sentir. Une station analogue fonctionne depuis quelque temps en Lombardie, à Lodi. L'Autriche compte plusieurs fruitières modèles dans le Vorarlberg et le Tyrol. En France, sur l'initiative de M. de Parieu, une station laitière a été établie dans le Cantal, il y a trois ans, et une fromagerie-école dans le Jura, en 1878, sur la proposition de M. le docteur Bousson.

Les dix années dernières ont vu éclore de nombreuses et intéressantes publications spéciales : en Angleterre, le *Milk Journal*, journal des fermiers laitiers ; en Allemagne, le *Milchzeitung* ; en Suisse, une revue intitulée : *Alpwirthschaftliche Monats-Blätter* et le *Bulletin de l'industrie laitière* ; en Italie, *il Caseificio* ; aux Etats-Unis, le *Utica-Herald* et l'*American Dayriman* ; en France, l'*Industrie laitière*, organe d'une société du même nom, fondée à Paris en 1877.

Des expositions spéciales de produits dérivés du lait et d'instruments de laiterie ont eu lieu fréquemment depuis quatre ans ; celles de Fribourg en Brisgau, de Hambourg, d'Islington (Angleterre), d'Apeldoorn (Pays-Bas), de Portici, de Munich, de Meaux, ont particulièrement attiré l'attention.

« Les contrées qui fabriquent du beurre et du fromage, a écrit M. de Lavergne, sont toujours plus riches que les autres... Aujourd'hui le commerce du fromage paraît devoir prendre dans le monde une extension immense. Dans les pays producteurs, notamment la Hollande, la hausse des prix atteste les progrès de la demande. Partout où la condition des ouvriers s'améliore, le premier mets que chacun d'eux ajoute à son morceau de pain est un morceau de fromage. Les colonies européennes offrent des débouchés infinis ; c'est surtout pour les colonies nouvelles que les fromages de Hollande sont enlevés. La France en fabrique d'excellents, mais pas encore en quantité suffisante. Rien n'est pourtant plus facile à imiter que les qualités les plus estimées de Hollande, de Suisse et d'Angleterre. Il suffit d'un peu de soin et de quelques capitaux. » Ailleurs, dans une page consacrée spécialement aux fruitières, le même auteur a démontré qu'elles conviennent surtout aux pays de petite culture et, par conséquent, à nos Alpes. Elles offrent « un des exemples qui parlent le plus en faveur de la petite propriété et de la petite culture. Une fabrication qui exige 300 litres de lait à la fois pour la confection d'un seul fromage semble incompatible avec le morcellement du sol ; on voit cette difficulté disparaître devant l'intérêt commun (1). »

« Les fruitières, dit M. Pourriau, excitent une grande émulation entre les cultivateurs d'une même localité pour augmenter le produit de leurs vaches. Il en résulte un redoublement de soins dans le choix de la tenue du bétail, dans le travail nécessaire pour subvenir à la nourriture

---

(1) *Économie rurale de la France.*

et un accroissement d'engrais qui tourne au profit de la culture (1). »

Elles ont, écrivait en 1842 Thiébauld de Berneaud, cité par M. Calvet, elles ont, en deux ou trois ans, « comme par enchantement, changé l'aspect général de nos montagnes de l'Est, amélioré leur condition matérielle, sollicité des récoltes nouvelles et porté l'aisance et l'ordre au sein des familles, où naguère encore la pauvreté et l'insouciance régnaient dans tout ce qu'elles ont de déchirant et de hideux ».

M. Barral, dans le *Journal de l'agriculture*, a loué en ces termes, lors de son apparition, le projet de loi de M. Faré sur le reboisement : « Il a le mérite d'encourager la formation des associations fruitières. Les associations fruitières engagent les populations au bon entretien des pacages, à la conservation des gazonnements, et elles apportent à l'élevage d'un bétail de plus en plus nombreux la meilleure excitation, celle de profits assurés. Le principe de la solidarité des intérêts est aussi mieux compris des populations, en même temps que la production de la subsistance la plus essentielle, celle de la viande et des autres aliments d'origine animale, se trouve augmentée. Tous les progrès se tiennent ; pour la prospérité des plaines, il faut conserver les montagnes et les enrichir. » Quelques mois après, le même savant, dans son rapport sur le concours d'irrigations des Bouches-du-Rhône, en 1876, écrivait encore : « La réglementation des pâturages, par le développement de plus en plus considérable des associations connues sous le nom de *fruitières*, soustrairait rapidement de grandes étendues de terres à l'œuvre de dégradation des troupeaux.

(1) *La Laiterie*, par Pourriau, docteur ès sciences, professeur à l'Ecole d'agriculture de Grignon, p. 483.

Au moyen de quelques encouragements d'une importance peu considérable, en égard aux résultats produits, on verrait bientôt les intéressés apprécier les avantages de l'association et multiplier la bonne production des fromages faits par les procédés les plus éprouvés. C'est un résultat de plus en plus démontré par les exemples du succès des associations fruitières du Jura, des Alpes et de Pyrénées ; le mouton serait ainsi tout naturellement refoulé de la montagne dans la plaine (du Midi) fécondée par l'arrosage et rendue moins inhospitalière, durant le règne du mistral, par cela seul qu'une plus grande quantité de terres serait couverte de verdure, grâce aux arrosages..... »

Dans la première édition, déjà très ancienne, de son Itinéraire de la Suisse, M. Joanne s'est montré frappé de l'influence des fruitières en ce pays, et il faut que les résultats en aient été bien remarquables pour avoir trouvé place dans un ouvrage géographique avant tout, surtout à une époque où nulle part encore il ne s'agissait d'accorder à ces établissements le patronage officiel : « Les bêtes à cornes, dit la préface de ce livre, ont envahi les hautes montagnes aux dépens des moutons et des chèvres ; elles se multiplient tellement dans la plaine, grâce à l'introduction des fromageries, qu'on les compte, en moyenne, presque dans la proportion d'une tête pour trois âmes de population. »

« Dans la Marne, rapporte M. Pourriau à propos des établissements de M. Bailleux mentionnés tout à l'heure, lors de la création de la fromagerie de Courtisols, le lait n'était payé que 8 centimes et demi par des entrepreneurs qui l'expédiaient à Paris ; aujourd'hui, M. Bailleux le paye 12 centimes en moyenne dans le département. Bientôt les cultivateurs de la Marne et de la Meuse, satisfaits de trouver le placement de leur laitage à des prix plus rémunérateurs, augmentèrent le nombre de leurs bestiaux, l'élevage des races bovine et porcine prit un développement considérable, et grâce au surcroit d'engrais obtenus, de vastes terrains peu fertiles et quelques-uns même incultes, jusqu'alors, purent être transformés en prairies naturelles ou artificielles qui donnent aujourd'hui des produits satisfaisants. En un mot, là où l'on ne rencontrait que le découragement et la pratique de l'axiome : *Le bétail est un mal nécessaire*, on voit aujourd'hui régner un bien-être ignoré jusqu'alors et briller un culture intensive des mieux entendues (1). »

« Si l'on compare, a observé M. Morière dans une étude sur l'agriculture normande, les herbages du Bessin ou ceux du pays d'Auge qui sont loués à des fabricants de fromages, avec des herbages exploités par des engraisseurs, on pourra constater que les premiers sont en meilleur état que les seconds, c'est que les fermiers qui s'adonnent à l'industrie laitière sont généralement plus soigneux que ceux qui fabriquent uniquement de la viande. Ils savent restituer au sol ce qui lui a été enlevé par la nourriture des animaux et le maintenir toujours dans le meilleur état de fertilité (2). » Cela se comprend aisément, les laitiers, témoins tous les jours du produit de leurs vaches, dont la quantité est proportionnelle à la nourriture qu'elles reçoivent, se trouvent conduits par là même à adopter une réglementation rationnelle. Le président d'un comice agricole franc-comtois, propriétaire d'une montagne à fromages, m'a confirmé dans cette manière de voir, par un exemple tiré de sa pratique personnelle : « J'ai réduit cette année, me déclarait-il en 1875, le

(1) *L'Industrie fromagère dans la Meuse et la Marne.*
(2) *Journal de l'agriculture* du 9 février 1878.

nombre des vaches dans ma montagne de 120 à 100, et je constate que, mieux nourries qu'auparavant ces 100 vaches me rapportent autant de lait que les 120 que j'entretenais autrefois. »

La qualité des produits elle-même porte dans les pâturages à vaches à éviter que l'on dépasse la possibilité, car, en cas de « surcharge », cette qualité se trouve considérablement amoindrie : le docteur Wœlker a mis ce fait en évidence, à la suite de recherches sur la fabrication fromagère des principaux districts laitiers de l'Angleterre. Du lait analysé le 6 septembre 1860 contenait 90 et demi pour 100 d'eau, et cette condition aqueuse, d'après le rapport de ce chimiste, était tout à fait naturelle ; mais, le pâturage étant pauvre et trop chargé de bétail, une quantité insuffisante d'aliments avait pour effet de produire un lait non seulement peu abondant, mais encore extraordinairement maigre. En résumé, les expériences de Wœlker ont démontré que des vaches nourries abondamment au pâturage donnaient un lait riche et parfumé contenant jusqu'à 16,10 pour 100 de matières solides, dont 7,62 de beurre, tandis que des vaches entretenues sur des pâtures insuffisantes fournissaient un lait renfermant 9,30 de matières solides seulement, dont 1,79 de beurre (1).

Que d'exemples parmi les comtés de la Grande-Bretagne, dont certaines descriptions par M. de Lavergne paraissent une peinture de nos Alpes, imposent irrésistiblement la conviction des changements féconds qu'introduirait une industrie laitière perfectionnée dans nos propres montagnes! Lisez dans *l'Economie rurale de l'Angleterre*, le chapitre « des débouchés » qui démontre avec

____

(1) Voir la *Revue agricole de l'Angleterre*, 5e année, de la Tréhonnais.

une si grande évidence que la richesse réelle de la terre naît bien plutôt du débouché que de la fertilité du sol ; que, par conséquent, une contrée, parvenue à découvrir le produit qu'elle est le plus apte à obtenir économiquement et à écouler aisément, a trouvé la voie qui mène à la fortune et ouvre l'esprit des cultivateurs aux idées de conservation et de progrès. Lisez les pages sur le Weald, dont la population pauvre et ignorante est impuissante par elle-même, mais dont une « large infusion » de capitaux versée du dehors métamorphose la culture ; sur le pays de Galles, dont les montagnes les plus ingrates sont mises en valeur par un bétail qui se développe et s'améliore sans cesse ; sur le Glowcester, « qui tire toute sa richesse agricole de ses fromageries »; le Chester, le plus riche de l'Ouest, dont la fortune est basée sur l'exploitation des herbages par des vaches à lait ; le Derby, pays très haut, défavorable aux céréales, improductif par nature, devenu, depuis que ses montagnes se sont adonnées à la production de bœufs et de fromages en énormes quantités, une des « plus heureuses contrées de l'Angleterre »; sur le comté d'Ayr, ancien pays de bruyères d'une inculture presque complète, transformé en « une sorte d'Arcadie par suite du perfectionnement de la race de vaches laitières à laquelle il a donné son nom, une des plus charmantes et des plus parfaites qui existent ».

Je terminerai cette énumération de faits par un exposé succinct des résultats produits par les fruitières dans l'Ain, que j'ai entendu en 1875 de la bouche de M. Carrier, secrétaire du comice agricole de Nantua. Malgré la différence de pays, on reconnaîtra combien les avantages obtenus dans l'arrondissement de cette ville seraient appropriés aux besoins des Alpes. « Les fruitières procurent peut-être plus d'aisance à notre population, me dit

5.

M. Carrier, que les [vignes aux pays vignobles. Autrefois, avant la création de bonnes routes, des chemins de fer et l'amélioration de la navigation du Rhône, on s'occupait principalement de la production des grains; aujourd'hui, on n'y songe plus, on a converti le plus possible de champs en prairies artificielles, et l'on importe des blés. Les communes qui jadis vendaient deux cents voitures de foin au dehors en achètent deux cents maintenant, leurs prairies artificielles en produisent encore deux cents, soit une différence de 6000 quintaux métriques nécessaires au bétail que l'on entretient en plus. La vigne enrichit le propriétaire, mais appauvrit le sol; la fruitière enrichit l'un et l'autre; le bétail augmente considérablement, de là d'énormes quantités de fumier disponibles. On en répand jusqu'à 100 mètres cubes par hectare. On transforme les plus mauvais terrains à l'aide d'engrais semés à profusion, on cultive à la fois grains et plantes fourragères, et les champs produisent de 25 à 30 hectolitres en général; le rendement de 15 hectolitres est le moindre, tandis qu'il y a quarante ans le chiffre de 8 ou 10 hectolitres n'était pas dépassé. En somme, les fruitières ont eu pour effet : 1º l'introduction de l'aisance chez le propriétaire; 2º l'amélioration du sol; 3º le perfectionnement du bétail. On possède maintenant une race dont les sujets donnent 20 à 25 litres après le vêlage, et une moyenne de 15 litres pendant les six mois qui le suivent. Ces sujets rapportent jusqu'à 350 et même 400 francs par an. Depuis l'établissement des fruitières, on ne trouve plus de bœufs et de chevaux que là où ils sont absolument nécessaires pour opérer de lourds transports, pour la vidange des bois. On considère que la vache rapporte trois fois autant que le bœuf à l'engrais, et six fois plus que l'élevage du cheval. Ces améliorations se sont accusées encore par une augmentation considérable de la valeur des *granges* (fermes ou métairies) ; celles qui, avant l'institution des fruitières, ne valaient pas plus de 15000 francs, se vendent aujourd'hui 60 000 francs. »

Une remarque intéressante au sujet des fruitières est encore celle-ci : c'est qu'ordinairement dans les contrées où la fabrication fromagère a affecté la forme de l'association, l'industrie domestique se développe rapidement. Elle y vient remplir les loisirs que crée une vie pastorale bien entendue, pendant la saison où le bétail, réuni sous le toit de son maître, devient le seul objet des préoccupations de celui-ci. Or, c'est à elle qu'il faudrait recourir pour occuper les bras disponibles, si l'on se proposait dans nos Alpes de faire cesser, sans amoindrissement de revenus, la triste coutume de l'émigration hivernale, qui désagrège les liens de la famille et joue un rôle si pernicieux dans l'ordre moral. En France, n'est-ce pas sur la terre classique des fruitières, sur les plateaux les plus élevés de la chaîne jurassienne, que nous trouvons deux exemples d'industrie à domicile, des plus remarquables qui soient au monde? A Septmoncel, endroit réputé par la production d'un des meilleurs fromages bleus, l'habitant, au lieu de chercher dans l'émigration une ressource contre la pauvreté du territoire qu'il habite et qui ne suffirait pas à le nourrir pendant le tiers de l'année, s'est adonné à la taille des pierres précieuses. Ce travail occupe 3000 personnes dans le village et ses environs, et y rapporte net de 1 200 000 à 1 500 000 francs [1]. Dans le même arrondissement, dont les principales richesses naturelles, consistant en bois et pâturages, réclament de

<hr>

(1) *Les Lapidaires de Septmoncel* (A. Audiganne, *Revue des deux mondes* du 15 mai 1850).

grandes étendues pour ne faire vivre qu'un petit nombre d'habitants, fleurissent, entourées de montagnes couvertes de fruitières, les cités industrieuses de Morez et de Saint-Claude, qui distribuent, grossièrement ébauchées, des matières premières à plus de dix mille ouvriers campagnards, de chez lesquels elles sortent artistement transformées. Cependant ces populations si avancées dans le domaine du travail ne sont pas plus privilégiées que celles des Alpes, sous le rapport des voies de communication, et les matières qu'elles emploient n'abondent pas plus que par ici ; les buis du Jura, qui servaient jadis à la fabrication des articles de Saint-Claude, sont maintenant épuisés, et ceux qui sont destinés à la tournerie, ainsi que les racines de bruyère servant à la confection de pipes, sont extraits aujourd'hui des Pyrénées. Les fers, tôles, cuivres employés à Morez à l'horlogerie, à la lunetterie, etc., proviennent aussi de l'extérieur (1). Des industries analogues se sont épanouies, associées à la fromagerie dans bien d'autres parties de l'Ain, de la Franche-Comté, de la Suisse, pour ne parler que de contrées rapprochées de nos parages.

Nous ne trouvons pas cette alliance de l'agriculture et de l'industrie dans les Hautes-Alpes. D'après l'enquête décennale de 1852 à 1862, les travailleurs agricoles occupés accessoirement par des industries diverses y sont seulement au nombre de 1175, dont 523 hommes, 384 femmes, 268 enfants. Cependant des primes du conseil général ou des subventions qui seraient consacrées à faire venir des ouvriers-maîtres étrangers ou à envoyer des apprentis au dehors, suffiraient, semble-t-il, pour donner essor à l'esprit industriel au milieu des populations de ce dé-

(1) *Le Travail et les Mœurs dans les montagnes du Jura* (A. Audiganne. *Revue des deux mondes* du 15 juin 1864).

partement douées de qualités intellectuelles si heureuses. La confection de pièces d'horlogerie des plus simples, la coutellerie, dont les matières premières sont d'un transport peu coûteux, la sculpture du bois, pour laquelle les habitants de plusieurs localités du Queyras particulièrement professent un goût véritable, qui apparaît dans la fabrication de meubles qu'ils confectionnent pour leur propre usage, leur conviendraient. Quelques industries même d'aujourd'hui ou d'autrefois pourraient être étendues, ou ressuscitées avec profit, par exemple, celle du Puy-Saint-Vincent, connu par ses toiles, d'Arvieux, où hommes, femmes et enfants retirent du tricotage de la laine 15000 francs par hiver, enfin une ancienne industrie de Saint-Véran, où se fabriquaient des serrures ne le cédant en rien, suivant Ladoucette, par le mécanisme et le cachet à celles des premières fabriques de France.

L'existence d'une étroite relation entre le développement de toute industrie et la restauration des montagnes ne saurait être l'objet du moindre doute. La plupart des versants, dont le maintien sous un couvert de gazon est reconnu nécessaire, ont besoin de repos, de « mises en défens » pour se refaire soit d'elles-mêmes, soit avec le secours de l'homme. Rien de plus utile, par conséquent, que de procurer à la population les moyens de se passer, pour vivre, de l'exploitation d'une partie des hauteurs. M. Mathieu, dans la belle étude qu'il publia en 1865, bien qu'elle fût écrite au point de vue spécialement pratique du reboisement et du regazonnement des Alpes, n'a pas négligé cette face de la question de leur régénération : « L'élevage du mouton et subsidiairement de la chèvre, est à peu près la seule ressource des populations de la montagne ; toute mesure qui les mettra à même de s'en créer d'autres sera un bienfait pour la contrée. En première ligne se place l'établissement d'une bonne et complète viabilité afin de... développer l'industrie dans les vallées.» Et plus récemment M. Ch. Broilliard, suivant le même ordre d'idées, écrivait très justement : « La pauvreté engendre la misère, et celle-ci ruine les Alpes (1). » Oui, la misère ruine les Alpes, parce que, contrairement à des populations aisées, qui s'attachent tout naturellement à conserver les sources de leur bien-être, des populations pauvres ne savent qu'épuiser leur sol, découragées par son ingratitude. N'entend-on pas souvent des paysans des Alpes répéter textuellement ces mots tristement célèbres, à propos des dévastations que commettent leurs troupeaux : « Après nous le déluge »? Que l'on prenne donc, avec la volonté de reboiser et regazonner les pentes dénudées, que l'on prenne aussi la résolution d'abolir la misère par tous les moyens, pour éteindre une des causes les plus influentes des maux qu'il s'agit de combattre.

Cette détermination ne reposerait pas sur une théorie vaine et sentimentale, mais bien sur un véritable axiome déduit de la nature humaine, et énoncé ainsi par l'auteur de *l'Esprit des lois* : « L'effet des richesses d'un pays, c'est de mettre de l'ambition dans tous les cœurs; l'effet de la pauvreté est d'y faire naître le désespoir. La première s'irrite par le travail, l'autre se console par la paresse », et la destruction du sol, est-on en droit d'ajouter dans le cas de nos montagnes.

Le jour où je parcourus les montagnes de Freyssinières avec M. Schatzmann et ses compagnons, nous entrâmes au hasard dans une chaumière du hameau de Mansals. Ce n'était qu'une écurie obscure dans laquelle vivaient, sans

______

(1) *Du rôle des pins et du mélèze* (*Revue des deux mondes* du 1er avril 1877).

aucune séparation entre elles, sans cheminée — un simple trou percé dans la toiture, au-dessus de l'âtre, en tenait lieu — quatre familles avec leur bétail, chèvres et porcs. On voyait un lit de paille par famille. Au moment de notre arrivée, une seule femme s'y trouvait. Elle nous raconta son histoire en fondant en larmes; l'année précédente, son mari s'était livré à une de ces « hideuses agences d'émigration » flétries par M. Cézanne, à la tribune de l'Assemblée nationale, le 19 février 1873; on les avait conduits à Rio de Janeiro, mais ils ne purent s'acclimater, et ils dépensèrent pour revenir au pays le peu d'argent qu'ils avaient emporté. Quel terrain leur restait-il? Un champ produisant vingt-huit gerbes. Quel bétail? Une chèvre. Avec cela, peu ou point de travail pour le compte d'autrui dans les environs. Sans doute, une si affreuse pauvreté n'est pas commune; cependant on la trouve encore en bien des coins des Alpes, au milieu de montagnes dévastées. Elle rappelle cette misère des anciennes tribus de la haute Écosse, avant la dépopulation systématique dont elles furent l'objet, il y a soixante-dix ans, décrites avec des expressions si fortes par Walter Scott : « Elles vivaient là comme des chiens dans des chenils. » Privera-t-on ces malheureux des pâturages, seule ressource des chèvres, leur unique bétail? Personne ne l'oserait ni le voudrait. Il n'y a donc vraiment que deux moyens de concilier les intérêts de certaines populations avec les exigences des travaux de restauration : il faut ou organiser une expatriation avantageuse, ou faire surgir sur les lieux, au moyen d'abondants capitaux, de nouvelles sources de produits agricoles.

Revenons aux fruitières. Nous constatons, par les exemples rapportés, qu'en tous pays elles ont entraîné l'extension des prairies, la diminution des champs, des jachères. Or ce sont là précisément les progrès les plus propres à seconder indirectement l'œuvre du reboisement et de la préservation des montagnes. En effet, les dangers qui menacent les superficies gazonnées résultent surtout du défaut d'équilibre entre les prairies et les pâturages. Les prairies étant suffisantes pour nourrir un bétail proportionné à l'étendue des pelouses supérieures, les communes, afin de tirer parti de ces pelouses, se trouvent conduites à recevoir des troupeaux de moutons étrangers, dont on surcharge leurs pâturages. D'un autre côté, ne sachant pas retirer des fourrages un rendement élevé, les cultivateurs ne sont point stimulés par l'aiguillon d'un puissant avantage à étendre les prairies à proximité des villages, de façon à arriver à l'équilibre désirable et à ménager les pâturages en conservant plus longtemps à l'étable leur propre bétail. Nos citations permettent de croire que des fruitières deviendraient cet aiguillon, et finalement attacheraient au sol natal une population en rapport par le nombre avec sa fécondité, et chez laquelle ne tarderait pas à se développer l'esprit de conservation et d'amélioration.

J'entends cependant élever une objection : la théorie de l'influence des fruitières repose évidemment sur le maintien des prix actuels des fromages, et, en présence de l'accroissement réellement extraordinaire de la production fromagère dans ces derniers temps, on se demande si une baisse notable des prix n'est pas à craindre, si, dès lors, il est opportun de s'efforcer de l'implanter ou de l'étendre dans des régions nouvelles.

Ce n'est pas trop se risquer que de répondre négativement à la première question. En voici plusieurs raisons. Le fromage est l'aliment qui, sous le plus petit volume et au moindre prix, renferme le plus de matières alibiles.

Cette précieuse qualité le destine à jouer un rôle de plus en plus important dans l'alimentation publique, dans celle principalement des classes laborieuses. Il est certain aussi que la consommation des tables de luxe tend à augmenter au fur et à mesure que l'organisation d'usines spéciales fait disparaître les habitudes routinières des anciens fabricants et parvient à créer des produits d'une saveur et d'une propreté inconnues autrefois. C'est pourquoi il y a tout lieu de croire que le développement de l'offre dont nous sommes témoins ne fait que répondre à un accroissesement continu de la demande. Ce n'est pas tout : les pays à même d'en produire ne sont pas illimités ; dans les pays chauds, non seulement sa fabrication ne réussit pas, mais l'entretien de vaches laitières n'est même pas possible, pas plus que dans les régions très froides ; M. Sanson a fixé l'aire de ces races entre les 43ᵉ et 53ᵉ degrés de latitude. On est donc toujours sûr du débouché des colonies européennes. L'Angleterre offrira toujours aux fromageries françaises une clientèle assurée : sa population augmente de mille âmes par jour, et son territoire a atteint à peu près la limite de la production agricole. Comme conséquence, depuis vingt-cinq ans, le nombre des troupeaux y reste presque stationnaire, et les importations des denrées alimentaires étrangères, particulièrement celles qui se consomment sous un petit volume, se sont considérablement accrues. Dans cette période de temps, pour les beurres et les fromages, l'augmentation s'est produite dans la proportion de 1 à 6 (1). Enfin un commerce nouveau, né d'hier, paraît devoir agrandir les débouchés de notre lai-

(1) Voir une conférence de M. James Caird, au congrès de la Science sociale en Angleterre en 1877 (*Journal de l'agriculture* du 8 décembre 1877. De la Tréhonnais).

tage : les navires, a fait remarquer M. Barral, qui nous apporteront des viandes conservées du nouveau monde, chercheront, pour diminuer le fret, à importer en échange des denrées européennes, parmi lesquelles les beurres et fromages français figureront au premier rang, d'autant plus que, grâce aux appareils réfrigérants, ils pourront conserver un état de fraîcheur parfaite, qui augmentera encore la faveur dont ils jouissent déjà au-delà de l'Atlantique.

Songeons aussi que si l'agriculture progressiste cherche autour de nous à étendre l'élevage du bétail, elle vise ailleurs, par des engrais artificiels, à agrandir le domaine des céréales ; que si, dans certaines parties de l'ancien monde, le rapport des surfaces à blés aux surfaces pastorales diminue sans cesse, dans d'autres portions du globe, le contraire se produit ; c'est ce qui se passe, par exemple, en Australie, dont les « blés commencent à jouer un rôle important dans la consommation de l'Europe... » (1) ; aux États-Unis, où, de 1850 à 1879, la production du blé s'est élevée de 36 à 160 millions d'hectolitres (2), et en Russie. De ces modifications résultent des augmentations de prix sur les produits animaux plus sensibles que sur ceux du règne végétal.

Enfin, quels que soient les prix que l'avenir réserve, on peut conseiller sans hésitation les fruitières dans un pays où les cultivateurs déclarent d'un commun accord que l'engraissement ne « rapporte plus rien », où elles déter-

(1) Rapport de M. Claude, sénateur, relatif à la participation de la France à l'exposition de Sydney.

(2) *Le Blé aux États-Unis d'Amérique*, par M. Ronna, ingénieur, vice-président du jury de la classe 76 à l'exposition de 1878.

mineraient, nous le verrons, à des cours même très bas,
une plus-value de 40 à 50 pour 100 sur les fourrages, où,
enfin, la population trouverait pour elle-même un avantage énorme à augmenter, dans sa propre nourriture, la
proportion du laitage et de ses dérivés et à diminuer celle
du pain, qui lui impose tant de travail. Nous avons rencontré, en Maurienne, des villages qui ont eu ce bon esprit
d'établir récemment des fruitières non dans le but d'en
vendre les produits, mais uniquement pour se procurer
une partie de leur nourriture avec moins de peine. La diminution du rôle des céréales et, parallèlement, l'augmentation de celui des corps gras dans l'alimentation est
d'ailleurs un signe général des plus caractéristiques du
développement de l'aisance : d'après M. Le Play, chez les
ouvriers européens, suivant le degré de bien-être dont ils
jouissent, le rapport de la dépense en céréales à la dépense totale de la famille s'abaisse de la moitié jusqu'au
treizième.

Avant la crise agricole qui sévit depuis deux ou trois ans,
et qui paraît être surtout la suite d'une série non inter-
rompue de saisons mauvaises, aucun arrêt ne s'était jamais manifesté dans l'ascension des prix des produits laitiers européens, malgré l'accroissement de la fabrication.
D'après des tableaux publiés par la station laitière de Lausanne, une augmentation de 84 à 158 francs s'est produite
sur le prix des gruyères de 1843 à 1877.

Les chiffres suivants donneront une idée du mouvement
commercial des produits laitiers de France : notre exportation beurrière s'est élevée, en 1879, à près de 67 millions
de francs, et notre exportation fromagère à près de 6 million. Les importations de beurre sont sept à huit fois moindres et celles de fromages deux à trois fois plus considérables. La progression de l'exportation beurrière surtout

est remarquable. Il y a dix ans, elle n'atteignait que 49 millions. Les nouveaux tarifs douaniers seront favorables à nos fromages à pâte ferme ; ils ont élevé les droits qui frappent, à l'entrée, ceux de l'étranger de 4 à 8 francs.

Quant aux débouchés les plus intéressants pour les Hautes-Alpes, ceux de nos grandes villes du Midi et de l'Algérie, ils sont très importants, en raison de l'usage considérable que font des fromages cuits la marine et les populations méridionales elles-mêmes. La seule ville de Marseille consomme chaque année 1 600 000 kilogrammes de fromage (1), et l'Algérie demande à la France 1 220 000 kilogrammes de fromage avec 320 000 kilogrammes de beurre (2).

Je termine ce chapitre en rapportant l'avis le plus autorisé qu'on puisse souhaiter au sujet des fruitières, celui de la Société nationale d'agriculture de France. A cette question, posée par le ministre dans l'enquête ouverte dernièrement devant elle : « Quelles sont les améliorations et les réformes culturales qu'il sera possible aux cultivateurs de réaliser dans un avenir prochain pour changer leur situation, accroître leurs profits et les mettre davantage et autant que possible à l'abri des crises qui se produisent périodiquement ? » la Société a adopté, dans sa séance du 17 mars 1880, une réponse qui contient ceci : « L'établissement de fromageries est surtout à conseiller soit par des exploitations assez grandes elles-mêmes, soit au moyen d'associations dites *fruitières*. »

(1) Statistique municipale de 1878.
(2) Moyenne des statistiques officielles de 1875, 1876 et 1877.

V. DES FRUITIÈRES DANS LES HAUTES-ALPES.

Les fruitières ne sont point inconnues dans les Hautes-Alpes ; il y a même trente ans déjà que la première fut fondée à Abriès. Aujourd'hui, le nombre de ces établissements, dus à l'initiative privée, est de 55, dont 38 dans les sept communes formant le canton d'Aiguilles en Queyras et 17 dans les localités voisines de cette vallée : Cervières, Font-Christianne, Saint-André, Réotier, Ceillac et Crévoux. Elles sont alimentées par 2126 vaches, soit par les 0,13 du nombre total des vaches du département, et donnent lieu à une vente annuelle de 284758 francs, chiffre qui représente 133 francs par vache, indépendamment de la valeur des veaux et du lait consommé en famille. Le fromage fabriqué est de façon Gex ; ce genre a été adopté par les initiateurs, parce qu'il ne demande qu'un très petit capital de premier établissement. Le nombre moyen des vaches dépendant d'une même fromagerie est de 40 et les extrêmes sont 25 et 80 ; celui des associés varie de 10 à 20. La qualité des produits est encore susceptible d'une grande amélioration, car elle n'est pas en rapport avec l'arome des herbages. Cela tient au peu d'instruction spéciale des fromagères employées, dont pas une, j'en suis sûr, ne serait capable de vérifier des fraudes qui se commettraient sur le lait. Cela tient aussi à l'inappropriation et à l'insalubrité des locaux.

En additionnant avec les produits des fruitières queyrassiennes seulement, qui figurent dans le total ci-dessus pour 154014 francs, celui de 898 vaches appartenant à des propriétaires du même canton, non associés et fabriquant chez eux un fromage dit *gavot*, assez recherché, duquel ils retirent un rendement brut égal à celui du gex, mais une valeur nette évidemment inférieure, on obtient 273 448 francs, qui, distribués entre les 5 600 habitants de la vallée, donnent 49 francs par tête. En 1823, Faure évaluait à 150 francs la vente du beurre et du fromage que produisait un ménage queyrassien de six personnes ; aujourd'hui, elle serait de 294 francs ; le mouvement, qui a perfectionné l'industrie laitière du Queyras, a donc doublé l'importance de ses exportations, pendant que les prix de la laine s'avilissaient et que sa population perdait plus de 2 000 âmes sur 7 846. Dans plusieurs réunions de montagnards, on m'a détaillé l'alimentation des habitants, il y a trente ans ; elle se composait exclusivement, pour les deux tiers d'entre eux, de soupe de farine au laitage, de pain de seigle cuit pour six mois à un an, de pommes de terre et de sérai ; maintenant, on mange fréquemment du pain frais, tous les jours un peu de porc salé, et, les dimanches et fêtes, des viandes de vache, de mouton, d'agneau et du vin apparaissent sur les tables de famille. Il n'est personne dans la vallée qui n'attribue aux fruitières cette amélioration considérable du régime.

Cependant le système des associations laitières à peine a-t-il franchi les confins du Queyras, bien qu'autre part de nombreuses communes présentent, ainsi qu'on le verra plus loin sur un tableau, des éléments de succès certain. L'indifférence et le défaut d'initiative seuls expliquent le retard de celles-ci.

Toutefois, la question des fruitières a fait récemment un grand pas, grâce particulièrement aux écrits successifs de quelques forestiers qui ont empêché leur efficacité sur le gazonnement des montagnes de rester inaperçue. M. Delafont, inspecteur à Gap, à la longue carrière duquel est resté attaché un souvenir de haute estime et de dévouement passionné à la cause des Alpes, l'a souvent traitée avant 1860 dans les journaux locaux auxquels il collaborait. En 1865, M. du Guiny a démontré aux lecteurs de la *Revue* la solidarité existant entre l'amélioration de nos sols montagneux et les associations fruitières. Ce n'est qu'après avoir complètement terminé le présent travail que j'ai lu le mémoire de M. du Guiny; je ne le connaissais que par les éloges qu'en a faits l'auteur de la Suite à l'*Étude sur les torrents* et les courts extraits qu'il en cite; j'y ai retrouvé un fonds d'idées absolument semblable à celui que j'expose ; qu'on me permette de signaler cette concordance comme preuve de la justesse de nos vues. Le même volume de la *Revue* contient également un article de M. de Venel ayant avant tout pour objet de prouver l'important appui que doivent se prêter dans les Alpes le reboisement et l'irrigation, mais qui renferme aussi quelques lignes touchant « l'immense intérêt » que présente le développement de l'industrie fromagère dans la région. En 1872, les travaux remarquables de M. Marchand sur les Alpes helvétiques ont ravivé le désir de voir s'introduire dans les nôtres les coutumes rurales de la Suisse. En 1874, à la suite d'un voyage rapide, mais fructueusement employé, M. Darcy, chef du service des reboisements de la Drôme, rendit aux Hautes-Alpes un immense service en démontrant, dans un lumineux rapport, par des faits peu connus jusque-là, la possibilité d'y implanter les usages suisses et jurassiens. Ce travail fut le point de départ de la réalisation des idées si vantées par tant de bons esprits. Enfin, en 1875, le regretté M. Cézanne, député des Hautes-Alpes, instruit de la propagande si active d'actes et de brochures entreprise depuis 1867 par M. Calvet, sous-inspecteur à Pau, à qui revient l'honneur d'avoir accrédité les fruitières auprès de nos législateurs, M. Cézanne obtint de l'Assemblée nationale un crédit de

20 000 francs à l'effet de favoriser l'établissement de fruitières dans les montagnes du Midi. De son côté, M. Faré, alors directeur général des forêts, qui s'occupait des intérêts alpins avec une sollicitude toute particulière et éclairée, se montra un chaleureux partisan et un protecteur zélé de l'œuvre de M. Calvet, qu'il était allé déjà étudier sur place. M. Faré, par interprétation des dispositions de la loi du 8 juin 1864, relative aux travaux de gazonnements facultatifs, devança l'application de la loi qu'on prépare et augmenta le crédit de 20 000 francs affecté aux fruitières. De larges subventions accordées par son administration ont permis de bâtir quatre fruitières modèles dans les Hautes-Alpes dans des conditions qui répondent aux perfectionnements les plus récents introduits dans l'industrie du « gruyère ». Il devait en être ainsi pour des exemples appelés à exercer une action décisive sur l'avenir pastoral du département.

Ouvertes en mai 1877, les fruitières d'Orcières, de Chabottes, Guillaume-Peyrouse et Ristolas n'ont pas cessé de donner d'excellents résultats pendant les trois exercices qui viennent de s'écouler : le rendement annuel moyen du lait a varié de 12 à 17 centimes nets par litre pour la première de ces localités, de 12 à 16 pour la deuxième, de 11 et demi à 15 pour la troisième, et de 13,6 à 16 pour la quatrième, défalcation non faite toutefois de la rente du capital-bétail. En même temps, le nombre des associés s'est élevé de 68 à 110 et celui des vaches alimentant la fabrication de 286 à 420. Rien de plus encourageant pour d'autres localités en situation d'imiter celles qui viennent d'être nommées que les extraits suivants de lettres écrites à la fin de 1878 et en 1879 par les directeurs des fruitières créées, MM. Jullien (Marius) à Orcières, Para (Nicolas) à Chabottes, Bellon (Elie) et Galland

(Jacques) à Guillaume-Peyrouse, Laurens (Joseph) à Ristolas : «... Bien qu'encore au début de notre entreprise,
nous en voyons les avantages et sommes convaincus de
retirer le rendement qui nous était promis; une amélioration que nous constatons, c'est celle de nos propriétés,
par suite de la simple restriction du pâturage des bêtes
ovines sur nos terrains inclinés, champs, landes ou prés.
Nos vingt sociétaires hivernaient en général 600 moutons
ou brebis, nous en avons diminué le nombre de 450;
l'administration s'apercevra bientôt que nous comprenons
les conséquences des fruitières, et elle peut compter sur
notre concours pour travailler dans notre pays à la conti-
nuation de la belle œuvre commencée, qui sans nul doute
enrichira nos montagnes et contribuera puissamment à
leur regazonnement (1). » — «... Il y a grand avantage à
nourrir des vaches au lieu de moutons, cela saute maintenant aux yeux. Nous trouvons que la même quantité de
fourrages consommée par des bêtes à laine produit deux
fois moins qu'employés à la nourriture des vaches sans
fruitière et quatre fois moins qu'en fruitière ; le revenu
engage les cultivateurs à convertir leurs propriétés en
prairies autant que possible, afin de pouvoir nourrir un
plus grand nombre de vaches ; ainsi, on augmente le produit en diminuant les frais d'exploitation, soit en hommes,
soit en animaux de travail. Nous avons engraissé 554 moutons en 1876, aujourd'hui nous n'en entretenons plus que
112 (2). » — «... Le jour de la distribution de l'argent
dû à chacun proportionnellement au lait versé fut un
jour de grande fête pour nos propriétaires étonnés de recevoir d'aussi fortes sommes. Depuis, le produit du lai-

(1) Jullien Marius.
(2) Para Nicolas.

tage est l'objet de toutes les conversations, et l'on se dit
que si l'on avait pratiqué le nouveau système depuis vingt
ans, nous serions tous riches aujourd'hui (1). » — «... La
fruitière ouvrira les yeux à notre population ; elle lui
fera comprendre enfin l'utilité des canaux; et lorsque
nous aurons plus d'arrosages, nous pourrons hiverner
grassement 200 vaches, qui produiront à nos 23 ménages
40 000 francs par an. Je suis même convaincu que l'on
arriverait avec quelques efforts à vendre pour 60 000 francs
de beurres et fromages ; il suffirait de s'appliquer au choix
des animaux. De plus, les quantités de fumier dont nous
disposerons, répandues sur des prés, donneront du fourrage en grande quantité et de très bon, tandis qu'aujour-
d'hui le fumier répandu sur de mauvais champs est presque
perdu (2). » — L'élan déterminé par la fruitière a déjà
provoqué à Ristolas des demandes de subventions ayant
pour objet la construction d'un refuge à génisses au mont
Viso, afin de perfectionner la race locale par des soins
bien entendus donnés au jeune bétail, d'une étable de
160 vaches au vallon de Ségure et d'un canal devant
arroser 63 hectares ; enfin, en 1878, la société fit exécuter
du village à Ségure un chemin qui coûta 5 600 francs,
somme dont elle fournit la moitié, le reste ayant été
accordé par l'Etat. Si ces travaux se réalisent, Ristolas,
dont le point le plus bas est à 1 700 mètres et où se trouvent réunies toutes les conditions désirables pour l'accomplissement d'une grande expérience, céréales à faire disparaître, pâturages à restaurer, moutons de Provence à
supprimer, forêts à protéger, eaux abondantes à utiliser,
avec une population intelligente, Ristolas peut devenir

(1) Bellon Elie, Galland Jacques.
(2) Laurens Joseph.

en un court espace de temps une commune pastorale modèle, susceptible d'éclairer, par son exemple, les esprits
les moins confiants sur les résultats de toute nature que
peuvent produire des fruitières et des canaux.

Au point de vue de la situation, on distingue deux
espèces de fruitières : celles d'hiver, qui servent pendant
la stabulation, et celles d'été, situés dans les hauts pâturages.

On ne doit pas hésiter à encourager tout d'abord les
premières dans les Hautes-Alpes ; ce sont elles qui, instal-
lées au milieu de centres importants de population, dé-
montreront le mieux la supériorité des bénéfices de la
laiterie sur ceux de l'engraissement, en même temps que
celle du rendement des fourrages sur celui des céréales ;
ce sont elles qui engageront le plus par là même à étendre
les prairies et à remplir les étables de vaches laitières. Et
une fois ce résultat obtenu, n'y a-t-il pas lieu de croire
que les cultivateurs des vallées songeront à adopter ce que
l'on trouve ailleurs très avantageux ? Afin d'entretenir un
bétail plus nombreux et de se décharger de tous soins à
son sujet pendant la saison des gros travaux de la campagne, ils offriront aux communes propriétaires de grandes
pelouses pastorales de leur louer en société des pâturages
où leurs vaches viendront, comme fruit secondaire, pui-
ser dans la variété infinie des espèces fourragères et l'air
pur des hauteurs un renouvellement de vie et réparer les
inconvénients de la stabulation. C'est ainsi que s'organi-
sera la substitution de la transhumance des vaches à celle
des moutons.

Cette transhumance s'exerce en Franche-Comté, en
Suisse et en Savoie, les vaches quittent les habitations
hivernales dans le courant de juin et séjournent en montagne jusqu'à la mi-septembre, souvent à 30 et 40 kilo-

mètres de leur résidence habituelle. Suivant la différence d'altitude entre les niveaux extrêmes des alpages, ceux-ci comprennent un ou plusieurs chalets servant à la fabrication des fromages, et que les troupeaux atteignent successivement au fur et à mesure qu'ils ont brouté les parties inférieures et que fleurissent les plantes des étages supérieurs.

Les montagnes ainsi exploitées appartiennent à des sociétés ou à des particuliers. Dans le premier cas, chacun envoie un nombre de vaches proportionnel à sa part de copropriétaire ; trois délégués montent à l'alpage à certaines dates et font traire toutes les vaches en leur présence, ils prennent note de la quantité de lait fournie, et admettant que cette quantité ne varie pas sensiblement dans la période comprise entre deux vérifications, on possède à la fin de l'estivage les éléments nécessaires pour répartir équitablement les produits du troupeau. Dans le second cas, le propriétaire de la montagne ou son fermier loue dans les plaines des vaches en nombre suffisant pour son exploitation.

Dans les Hautes-Alpes, je n'ai rencontré des usages analogues que dans les deux communes qui forment le petit canton de la Grave, dont les habitants demandent à l'Oysans de leur prêter des vaches pour une durée de trois mois et demi. Le prix de location se règle ainsi : le propriétaire vient assister à la traite de sa vache, à la date qui sépare également le jour de son arrivée de celui de son départ, et il lui est compté autant de fois 6 francs qu'on tire de litres de lait à l'une des traites de ce jour-là, ou, ce qui revient au même, 3 francs par litre obtenu dans les deux traites de la journée. Comme la durée de l'estivage est à peu près de cent jours, 3 francs sont en réalité le prix de l'hectolitre de lait.

Les montagnes pastorales, exploitées par des particuliers dans une partie des Alpes et le Jura, étaient communales à une époque qui n'est pas encore fort éloignée; c'est l'introduction de l'industrie fromagère qui a le plus contribué à leur aliénation. La propriété privée a pour fondement le travail; elle s'assied difficilement, a fait remarquer M. de Parieu (1), sur des terrains où la jouissance se borne à l'exercice d'un simple droit de parcours; mais dès qu'on pense augmenter les produits par une industrie qui réclame des bâtiments et une direction intelligente, l'indivision tend forcément à cesser. Il est donc permis d'entrevoir pour les Hautes-Alpes, comme conséquence du développement de la fromagerie, cet heureux résultat : la diminution du domaine pastoral communal, que tous les économistes s'accordent à considérer comme toujours exposé à une mauvaise gestion. On objecte contre l'aliénation des communaux la convenance de réserver un patrimoine aux gens peu aisés. Mais on a, dans les pays où cette transformation s'est opérée, tranché la question d'indigence en réservant des montagnes dites *des pauvres* qui sont abandonnées aux familles trop dénuées de ressources pour entretenir une vache, et qui ne peuvent se passer de l'exercice direct du pâturage de quelques moutons et chèvres.

Un obstacle à l'exécution de chalets d'été, particulier aux Hautes-Alpes, sera souvent occasionné par la pénurie de bois de construction et parfois de chauffage à proximité des montagnes pastorales. Partout même on se verra obligé de renoncer à bâtir de ces chalets à parois de sapin ou de mélèze, plus chauds, moins humides et plus sains que les autres : le transport des bois serait trop onéreux. Toute-

(1) *Essai sur la statistique agricole du Cantal*, p. 57.

6.

fois, des constructions en maçonnerie seront généralemen
possibles. Les abris, pendant l'estivage, sont indispensables aux vaches laitières. Beaucoup d'alpages suisses ou
de la Savoie, par exemple, n'en possèdent pas. Mais ils
sont très utiles pour protéger le bétail contre les chaleurs
excessives, la froidure de certaines nuits et lui offrir, pendant les temps de pluie et de neige, un séjour où il trouve
à consommer des fourrages secs, dont on doit avoir soin
de faire provision. Le grand conseil du Valais, pénétré des
services que rendent ces bâtiments, a pris sur lui d'en
imposer la construction en un délai de six ans dans « toutes les montagnes » de son ressort « qui n'en sont pas encore pourvues », par un décret du 23 novembre 1878,
dont les dispositions soumettent en même temps lesdits
pâturages à la tutelle du conseil d'Etat. Les frais de pa-
reils établissements seront toujours compensés et au delà
par des accroissements de produits ou des économies de
nourriture. En effet, la transpiration et le refroidissement
entraînent évidemment un besoin de surcroit d'alimentation ; mais, si par des abris, on empêche ce besoin de se
produire, les fonctions vitales s'accomplissent normalement ; il y a alors, à égalité de fourrages consommés, beaucoup plus de substances nutritives assimilées que dans le
cas où le bétail ne serait pas soustrait à l'action d'un soleil ardent ou des températures basses.

Il n'existe nulle part, dans les Hautes-Alpes, de chalets-
étables au milieu des hauts pâturages. Les vaches rentrent
tous les soirs dans les hameaux, après des trajets qui leur
font perdre, en les fatiguant extrêmement, une grande
quantité de lait. Des expériences faites pendant deux an
à Ristolas ont démontré les avantages qui ressortiraient
d'un inalpage plus complet; on a constaté, dans la nouvelle fruitière, qu'au mois de septembre, au moment où

les vaches cessent de se rendre dans les pâturages de Ségure, à plus de 8 kilomètres de leurs étables, pour com-
mencer à pâturer les prés fauchés autour du village, que
ja quantité de lait versé augmente tout à coup d'un tiers,
et cela malgré la supériorité incontestable des herbages
de la montagne et l'époque plus éloignée de la parturition.

Quand la construction de chalets sera impraticable, on
remédiera aux inconvénients de la distance, dans la mesure
du possible, par la rectification des chemins, ordinairement
fort mauvais, qui aboutissent aux pâturages. Ce sera déjà
un progrès très sensible. Le village du Roux, commune
d'Abriès, en a offert, avec le concours de l'administration
des forêts, un exemple intéressant. Ses habitants se sont
cotisés pour construire une route destinée à raccourcir
le trajet du village au vallon d'Urine, et surtout pour
éviter aux vaches un passage en pente très rapide et ro-
cheux, qui leur occasionnait souvent des maux de pied et
obligeait à les retenir à l'étable au beau milieu de l'été. Le
travail fut exécuté à la fin de 1875. Dès l'année suivante,
les vaches furent plus abondantes laitières, et, comme elles
avaient le temps de parvenir au sommet de la montagne,
qu'elles n'atteignaient jamais précédemment et dont personne ne profitait, le pâturage en forêt, auquel on recou-
rait auparavant dès le 24 juillet, ne fut plus exercé qu'à
partir du 15 août. Ce résultat a été doublement avantageux :
il l'a été au point de vue sylvicole ; il l'a été également au
point de vue de l'industrie laitière, car on sait combien les
pâturages sous bois sont moins nutritifs que les autres.
Dans les fromageries du Queyras, on a vérifié qu'en
temps de parcours forestier, malgré la qualité relative de la
végétation herbacée des bois de mélèzes, la quantité de
crème contenue dans le lait ne dépassait pas 8 pour 100,

alors qu'elle atteint 13 à 17 pour 100 à l'époque du pâturage des terrains découverts.

Il ressort d'un rapport présenté au conseil général en 1876, que nous ne relaterons point pour ne pas allonger cette étude, que les anciennes fruitières des Hautes-Alpes procurent, par litre de lait, un rendement brut de 0 fr. 132 et un rendement net de 0 fr. 105, mais qu'en adoptant des procédés de fabrication plus parfaits, notamment en fusionnant les petites fruitières (au nombre parfois de quatre dans un même village), et en en créant d'importantes là où il n'en existe pas, on arriverait, dans l'hypothèse de prix de vente des plus modérés, à un produit brut moyen de 0 fr. 162 et à un produit net de 0 fr. 145.

D'après ces données, il suffit, pour se rendre compte du rendement en fruitière d'une vache médiocre, de remplacer, dans notre calcul de la page 165, relatif au rendement du laitage, 0 fr. 06 par 0 fr. 145. On arrive alors à une somme de 154 fr. 50. Ce total représentant la valeur de 31 quintaux et demi de foin, le foin se trouve payé 4 fr. 75 les 100 kilogrammes.

Nous avons vu que les principaux modes d'exploitation des moutons produisaient au maximum 2 fr. 98, 2 fr. 49, 2 fr. 10 et 1 fr. 40, soit en moyenne 2 fr. 24 par quintal métrique. Nous arrivons donc à cette conclusion que, *par la vache et des fruitières, on retirerait des fourrages, dans les Hautes-Alpes, un rendement double environ de celui que l'on en obtient par le mouton.*

Je dis un rendement double aujourd'hui ; mais ce sera, si l'on veut, un rendement triple ou quadruple dans l'avenir, car le rapport de la quotité du lait au fourrage consommé est susceptible, dans nos Alpes, d'un accroissement énorme, sans augmentation de dépenses d'entretien, uniquement par l'amélioration de la race au point de vue des facultés lactifères. Quelques chiffres vont révéler la marge restant à parcourir de ce côté. Notre vache moyenne rend seulement 30 litres de lait par 100 kilogrammes de foin. Or Pabst prétend qu'avec de bonnes laitières cette quantité de foin produit 100 kilogrammes de lait. M. Magne affirme que les vaches de certaines races produisent jusqu'à 2 litres par kilogramme de foin pendant la période de grande activité des mamelles. Suivant M. Villeroy, en Suisse et en Hollande, les vaches rendent 3 000 litres de lait pour 15^k,500 de nourriture quotidienne et 1 500 à 2 450 litres pour 11^k,700 ; de ces derniers chiffres découle un rapport égal à 0,5 environ entre le poids du lait obtenu et celui du fourrage consommé annuellement. Le docteur Bousson n'admet pas un rendement de plus de 1 kilogramme de lait pour un poids semblable de la ration de produit, que l'on estime ordinairement à la moitié de la ration totale. D'après cette dernière base, très modérée et qui concorde avec les évaluations de M. Villeroy, les vaches des Hautes-Alpes devraient fournir, vu leur poids et la quantité de nourriture qui y correspond, 1 600 litres au lieu de 1 000. M. Sanson a publié dans le *Journal de l'agriculture* du 8 février 1879 des faits qui démontrent, d'une façon plus remarquable encore que ce qui précède, l'importance du choix des sujets et combien est fâcheuse l'indifférence, si générale à cet égard, des cultivateurs alpins : ces faits ont été tirés des registres d'une vacherie allemande. En un an, la plus faible laitière de l'étable, d'un poids de 579 kilogrammes, a produit 1 656 litres, et la plus forte, d'un poids de 565 kilogrammes seulement, en a produit 7 272 ; la ration était la même pour toutes ; elle était de 15^k,020 de substance sèche pour 600 kilogrammes de poids vif.

Si l'on veut se rendre compte du rendement complet du

foin à l'aide des fruitières, c'est-à-dire ajouter à la valeur des produits comestibles en lesquels il se transforme par leur intermédiaire, celle de l'engrais, on trouve qu'au moyen des associations laitières on retirerait, dans les Hautes-Alpes, un rendement presque égal au prix moyen, en France, des fourrages vendus en nature, résultat certainement magnifique pour un pays si reculé. En effet, les vaches donnent en fumier normal (c'est-à-dire contenant 75 pour 100 d'humidité) 2,16 (1) du poids de fourrage qu'elles consomment. 100 kilogrmmes de foin donnent donc 216 kilogrammes de fumier valant 2 fr. 16 (2) dans le département. Le rendement du quintal de foin deviendrait alors égal à 4 fr. 75 (chiffre trouvé tout à l'heure) $+$ 2 fr. 16 $=$ 6 fr. 91 ; déduisant 1 franc, valeur de la litière comptée à raison de 25 kilogrammes de paille pour 100 de foin, il reste 5 fr. 91.

L'analyse chimique du fumier et la comparaison de ses éléments avec une base rigoureuse, le prix des engrais artificiels, conduisent à un résultat supérieur encore. 100 kilogrammes de fumier contenant 0^k.500 d'azote et à peu près autant d'acide phosphorique et de potasse, 216 kilogrammes renferment :

1^k,080 d'azote qui, au prix commercial de 3 francs le kilogramme, valent......................	3	24
Autant de sels minéraux valant à 0 fr. 75 le kilogramme.	0	81
Total..........	4	05

(1) Moyenne résultant des recherches d'un certain nombre d'agronomes cités par M. Villeroy, *Manuel de l'éleveur des bêtes à cornes*, p. 175.

(2) Prix ressortant des dépositions des Hautes-Alpes dans l'enquête agricole de 1866.

Déduisant 1 franc, valeur de la paille, il reste 3 fr. 05, qui, ajoutés à 4 fr. 75, valeur du lait, donnent un total de 7 fr. 80.

Les chiffres définitifs auxquels nous sommes arrivés permettent maintenant de déduire la différence entre le revenu des montagnes louées à des bergers provençaux et celui que procurerait l'exploitation du lait de vache, lorsque la conformation topographique et la nature des herbages laissent le choix entre l'emploi de l'une ou l'autre des espèces ovine ou bovine. Nous prendrons pour exemple la montagne de l'Alp du territoire de Villard-d'Arène, dans laquelle il est question d'établir une fruitière. Cet alpage ne se loue jamais plus de 2 000 francs, pour le pâturage de 2 000 moutons transhumants. Dans une conférence avec les notables de la commune, j'ai recueilli de leur bouche l'avis suivant : que l'Alp nourrirait bien 200 vaches, qui, broutant à discrétion une herbe fraîche dont la richesse est accusée par la magnifique couleur jaune d'or et l'arome exquis du beurre des quelques vaches que l'on y envoie déjà aujourd'hui, produiraient au moins 8 litres par jour. C'est beaucoup ; je réduis à 6 pour écarter toute exagération. En cent jours d'estivage, on aurait alors 120 000 litres ; ces 120 000 litres, à raison de 16 fr. 20 (1) l'hectolitre, vaudraient 19 440 francs.

En déduisant :

1° La rente et l'amortissement du coût d'un chalet de 10 000 francs.   1 000 fr.   19 440 fr.

2° La rente du capital bétail à 250 francs par tête, calculée pour trois mois à 10 pour 100 l'an..   1 250

À reporter......... 2 250 fr. 19 440 fr.

(1) Prix établi, p. 104.

Reports	2 250 fr.	19 440 fr.
3° Le sel : 800 kilogrammes pour le bétail et les fromages.......		160

4° Les salaires : d'un fromager. .... 400 fr.

D'un sérassier chargé de la préparation des feux, du lavage de la vaisselle et de la fabrication du sérai. 150

D'un maître berger...... 300

De trois autres bergers... 300

Deux domestiques à employer à la plantation des piquets auxquels on attache le bétail, à répandre le fumier sur les pâturages et à nettoyer l'étable............... 200

De deux aides pour les commissions, soins aux porcs, etc............ 180

$\left.\phantom{\begin{array}{l}1\\2\\3\\4\\5\\6\\7\\8\\9\\10\end{array}}\right\}$ 1 530

5° La location d'un mulet ou la perte sur son achat au commencement de l'estivage et sa vente à la fin, plus la valeur de l'avoin consommée..................... 170

6° Divers frais, parmi lesquels une indemnité aux directeurs de la Société pour visites fréquentes à l'alpage..................... 500

	4 610 fr.	4 610
Reste.........		14 830 fr.
Soustraction faite du revenu actuel de...		2 000
		12 830 fr.

Il résulte que par l'exploitation directe en association fromagère, la commune augmenterait son revenu de 12 830 francs.

Villard-d'Arène possède 177 hectares de labours compris entre 1600 et 2 000 mètres. Si l'on en convertissait en prairies de 120 à 150 hectares, cela suffirait pour permettre à cette localité d'hiverner 200 vaches de plus et d'appliquer en plein le système qui vient d'être préconisé. Mais, en attendant cette réforme, les habitants trouveraient encore un avantage presque aussi considérable à exploiter l'Alp avec des vaches louées en Oysans. La location d'une vache produisant 6 litres serait, d'après ce que nous avons dit page 100, de 18 francs. De 200 vaches les propriétaires retireraient alors 3 600 francs et les habitants de Villard-d'Arène 12 480 francs, c'est-à-dire plus de six fois autant qu'aujourd'hui.

Nous ne prétendons pas connaître toutes les montagnes pastorales livrées actuellement à des bêtes ovines, quoique propres au parcours du gros bétail. Toutefois, une bonne partie nous en a été indiquée, en voici l'énumération :

	Moutons et brebis.
A la Grave, l'ensemble des montagnes pacagées par.	5 800
A Villard d'Arène, la montagne de l'Alp	2 000
Au Monestier, celles de Lautaret	4 000
A Névache, celles du sommet de la vallée	4 000
A Cervières, celles du vallon du Bourget	3 000
A Abriès, celles au-dessous de la crête de Reychasse.	1 000
A Ristolas, celles de la combe du Viso	2 000
A Aiguilles, montagnes diverses	1 000
A Vars, montagnes diverses	3 000
A Risoul, celles du vallon Laugier	1 000
A Crévoulx, celles de Crachat	1 000
A reporter	27 800

<table>
<tr><td>Report............</td><td align="right">27 800</td></tr>
<tr><td>A Châteauroux, celles de Couleau, Méans, Foran, Ribière.......................</td><td align="right">3 000</td></tr>
<tr><td>A Ancelle, celles du Puy-de-Manse et de la Rouanne.........................</td><td align="right">3 000</td></tr>
<tr><td>A Saint-Jean-Saint-Nicolas, celles du Clôt-Lamiande, de la Coche, de Monsieur et de Combeau............................</td><td align="right">2000</td></tr>
<tr><td>Aux Infournas, celles de Merdarel...........</td><td align="right">500</td></tr>
<tr><td>A Saint-Firmin, celles de la Coste, du Brasque, de Pranticq.........................</td><td align="right">1 000</td></tr>
<tr><td>A Saint-Maurice, celles de Pranticq..........</td><td align="right">300</td></tr>
<tr><td>A Clémence-d'Ambel, celles des Pâres et des Plans...........................</td><td align="right">1 200</td></tr>
<tr><td>A Guillaume-Peyrouse, celles de Surrette, de de Vallon-Pierre, de Gioberney............</td><td align="right">1 500</td></tr>
<tr><td>En Dévoluy, les deux tiers des montagnes des quatre communes du canton...............</td><td align="right">23 000</td></tr>
<tr><td align="right">Total................</td><td align="right">64 000</td></tr>
</table>

On voit par ce total que, si grâce à l'extension des canaux ou à la renonciation à l'engraissement du mouton à l'étable, les vallées hivernaient seulement 6 000 vaches de plus qu'actuellement, nombre correspondant sous le rapport de la consommation à 60 000 moutons, la substitution de l'espèce bovine aux moutons deviendrait praticable dans les alpages qui viennent d'être cités.

Nous ferons suivre cette liste d'un tableau indiquant les fruitières et chalets d'été qui, ainsi que nous l'avons reconnu, d'accord avec les principaux propriétaires des communes mentionnées, pourraient dès maintenant fonctionner avec des chances de succès immédiat.

Quoique bien d'autres progrès pastoraux soient à accomplir, cependant on peut dire que la seule réalisation de l'organisation laitière exposée ci-dessus élèverait le département des Hautes-Alpes au rang des contrées herbagères les plus avancées.

Cinquante fruitières devant être utilisées toute l'année ou pendant la stabulation seulement, plus soixante et une fruitières d'été ou chalets avec étables figurent au tableau suivant. Évaluant les fruitières à 12 000 francs l'une, chaque chalet à 8000 francs, la dépense totale serait en chiffre rond de 1 million.

Si l'on estime à la moitié des dépenses totales le montant des subventions qu'il serait raisonnable de solliciter du gouvernement, et à vingt-cinq ans le délai dans lequel de semblables améliorations seraient exécutables, on voit qu'un crédit annuel de 20 000 francs de la part de l'État suffirait pour les réaliser dans ce temps.

Nous omettrions l'un des titres les plus sérieux des Hautes-Alpes à l'obtention de larges secours gouvernementaux de toute espèce, si nous ne rappelions avec les considérations émises relativement à leur influence sur la conservation des montagnes, question d'intérêt public, l'énormité de l'impôt qui pèse sur ce département, par rapport à son revenu ; si nous ne rappelions que depuis trente ans, tandis que des voies ferrées se construisaient le long de toutes nos grandes vallées et y développaient la richesse, notre massif montagneux du Sud-Est était délaissé ; tandis que le budget de l'État s'augmentait proportionnellement à la richesse générale, le commerce non seulement y restait stationnaire, mais s'y trouvait de plus en plus lourdement accablé par les charges générales. Voilà pourquoi, pendant longtemps, des distributions généreuses de subventions dans les Alpes doivent paraître un acte de justice réparatrice que ne sauraient critiquer les partisans même rigoureux du principe de non-intervention de l'État en matière d'entreprises du ressort de l'initiative privée.

| NOMS des COMMUNES (1). | NOMBRE DES EXISTENCES actuelles en | | | FRUITIÈRES DEVANT SERVIR | | | | | |
| | Bœufs ou génisses. | Vaches laitières. | Moutons ou brebis. | TOUTE L'ANNÉE. | | EN HIVER. | | EN ÉTÉ. | |
				Emplacement.	Localités à desservir.	Emplacement.	Localités à desservir.	Emplacement.	Pâturages à desservir.
La Grave	300	500	6 000			A la Grave, au Chazelet, à Hyères.	La Grave, le Chazelet, Hyères.	Au plateau de Paris, aux Rivels, à la Buffe, aux Clôts, à Pramélier, à Puy-Garnier.	Pâturages environnants
Villard d'Arène..	50	200	1 000	Au chef-lieu.	Le chef-lieu, les Cours, Pied-du-Col.			A l'Alp.	De l'Alp.
Monestier........	140	350	8 300			Au chef-lieu. / Au Lauzet.	Le Monestier les Guibertes le Cusset, Freyssinet. Le Lauzet.	Au Lautaret.	Du Lautaret.
La Salle........	140	380	1 900			A Villeneuve.	La Salle, Villeneuve, Bez, Chirouzan, Pananche.	A Geslar. / A Puy-Chirouzan.	De Gaudissart, de Fréjus. De Clôt-Joutrin, de Puy-la-Salle.

Commune									
Saint-Chaffrey...	272	180	1 200			A Chantemerle.	Saint-Chaffrey, le Villard.	A Tronchet. Au centre des chalets.	De Soulier, De Champcella, des Eduits.
Puy Saint-Pierre.	50	130	800	A Saint-Pierre.	Saint-Pierre, Puy-Richard, et pâturages environnants				
Névaches......	200	180	5 050			A Ville-Basse.	Ville-Basse, Ville-Haute, Saint-Roch, le Cros, Fort-Ville.	A Laval. A Fontcou- verte. A Biaume, au Vallon.	De Laval, de Roche- Noire. De Jadis, de Rif-Tord, de Queyrellin de Fontcou- verte, de Laraux, de Lachat. De Biaume, du Vallon.
Mont Genèvre...	100	125	1 000	Au mont Genèvre.	Mont Genèvre et pâturages environnants				
Cervières (2)....	200	480	6 000					Au Bourget. Au Clottet.	De Lachau, des Fraches, de Rif-Tord, du Bourget. Des Chalps, du Clottet, des Funds.

(1) Les communes sont énoncées ci-dessous dans l'ordre où elles se succèdent, à partir du point le plus au nord du département.

(2) Cervières possède déjà une fruitière d'hiver.

NOMS des COMMUNES.	NOMBRE DES EXISTENCES actuelles en			FRUITIÈRES DEVANT SERVIR					
	Bœufs ou génisses.	Vaches laitières.	Moutons ou brebis.	TOUTE L'ANNÉE.		EN HIVER.		EN ÉTÉ.	
				Emplacement.	Localités à desservir.	Emplacement.	Localités à desservir.	Emplacement.	Pâturages à desservir.
Puy Saint-André.	200	150	800					Aux Combes.	Pâturages supérieurs à partir du col de la Pisse.
Villard Saint-Pancrace.	60	290	800	Au Villard. .	Le Villard, Pont de Cervières, le Paquier, Chamandrin, Saint-Blaise.			Aux Ayes.	Pâturages environnants
Saint-Martin de Queyrière.	320	160	2100			A Saint-Martin.	Pour toute la commune.	Au centre des pâturages	De Ratière, du Sapet.
								Id.	De l'Eyrette, de Blétonnet.
								Id.	De Roche-Baron, l'Hermitière du Clôt, de Pas de Rif, du Poux.
								Id.	De Coursier, de Meyer, des Granges.
								Id.	De Quey-rières.

Largentière.....	1150	350	3000	A l'Église.	Plandergue, la Bessée, les Collets, Combettes, le Serre, l'Église, l'Ulbac, Liothauds.			A la Salce. Au centre des pâturages.	Pâturages environnants De l'Aiguillette, de Coueimian, du Crouzel.
Vigneaux........	70	130	1000	Aux Vigneaux.	Vigneaux.			A Narrey-Roux.	Pâturages environnants
Puy Saint-Vincent..........	130	300	3000						
Vallouise........	70	230	3000	A Vallouise.	Vallouise, le Villard, Parcher.			Au vallon de la Selle.	Id.
La Pisse........	100	200	3000			A Saint-Antoine.	Saint-Antoine, les Chaux, les Faugeas, le Fariel, etc.	A l'Aile-Froide. A Eychauda.	Pâturages des vallées de Saint-Pierre et de Celse-Nière. Pâturages du vallon de l'Eychauda.
Freyssinières....	210	250	2200	Aux Ribes. A Dormilhouse.	Les Ribes, les Roberts, la Mairie, les Bellons. Dormilhouse.				
Réotier..........	100	190	1170			Au Fournet.	Réotier, les Sagnes, Moulinet, Fournet.	A la Selle, à Mikéou.	De la Selle, de Mikéou, du Villard, de Truchet.

| NOMS des COMMUNES. | NOMBRE DES EXISTENCES actuelles en | | | FRUITIÈRES DEVANT SERVIR | | | | | |
| | Bœufs ou génisses. | Vaches laitières. | Moutons ou brebis. | TOUTE L'ANNÉE. | | EN HIVER. | | EN ÉTÉ. | |
				Emplacement.	Localités à desservir.	Emplacement.	Localités à desservir.	Emplacement.	Pâturages à desservir.
Vars............	100	360	3600			A Saint-Sébastien.	St-Marcellin, Sainte-Catherine, Sainte-Marie.	Aux Gibertins, aux Cognets, aux Escondus. A Furfende.	Pâturages environnants
Arvieux (1)......	50	750	1000						Id.
Abriés (2)......	100	700	3000					Aux Goustins.	Pâturages de Val-Fouranne.
Ristolas (3)......	50	400	2000					Au mont Viso, au vallon du Bonchoux, au vallon de Ségure.	Pâturages environnants
Saint-Clément ...	118	100	600			A Saint-Clément. Aux Traverses.	Saint-Clément. Les Traverses.	A Beauregard, Au sommet du torrent de Palps.	De Couleau. Pâturages supérieurs.
Châteauroux.....	90	100	5000			Aux Aubergeries.	Les Aubergeries, les Bérards, la Verduna, les Jéhans, les Albrans.	A Pré-Chanier. A la Cabane.	De Couleau, de Méan, de Foran. Du vallon de Ribière,

Commune									
Crévoulx (1).....	»	190	1 700					Aux vallons de Pellat, de Posterle et de Crachat.	Pâturages du même nom.
Gap...........	»	300	10000	A Gap.	La ville et les environs.			Au col Bayard.	Montagre de Gap.
Saint-Laurent...	50	650	500	A Saint-Laurent.	Le Cros, St-Laurent.				
Chabottes.......	»	250	2500	A la Plaine (5).	Chabottes, la Plaine, Manse, Saint-Léger les Forest.				
Ancelles.......	»	200	3000			A Ancelles.	Ancelles, les Fraix, le Château.	Dans les pâturages de la Rouanne, au puy de Manse.	Pâturages du même nom.
Saint-Jean-Saint-Nicolas.......	100	200	2800			Au Pont-du-Fossé.	Les Bonnets, le Château. les Ranguis, les Ricoux, Pelissier, les Estachy.	Au clôt Lamiande.	Pâturages de ce nom.
						A la Coche.	La Coche, les Richards, Montorison.	A Combeaux.	Id.

(1) Possède déjà des fruitières d'hiver.
(2)   Id.   Id.
(3)   Id.   Id.
(4)   Id.   Id.
(5) Cette fruitière existe depuis 1877, mais ne dessert encore que la Plaine et les Forest.

NOMS des COMMUNES.	NOMBRE DES EXISTENCES actuelles en			FRUITIÈRES DEVANT SERVIR					
	Bœufs ou génisses.	Vaches laitières.	Moutons ou brebis.	TOUTE L'ANNÉE.		EN HIVER.		EN ÉTÉ.	
				Emplace-ment.	Localités à desservir.	Emplace-ment.	Localités à desservir.	Emplace-ment.	Pâturages à desservir.
Champoléon.....	»	174	500	Aux Borels.	Les Gondoias, Pioroys, les Fermons, les Gubias, les Mortins, Les Plantus, les Marches, les Mais-sonnasses, les Veyers, les Jouglards, les Fourés, les Moulins, les Ratiers, les Usclas, Bousen-sayes (1).			A Touronds, à Méoillon.	Id.
Orcières.	»	600	6 000	A Orcières.					
Saint-Julien.....	»	160	1 500	A Prapic. A St-Julien.	Prapic. Saint-Julien.				
Saint-Bonnet....	»	190	2 000	A l'Aullagnier.					
La Fare.	»	150	700	A la Fare.	La Fare, le Serre,				

				Point central entre	Poligny, Villeneuve, les Forestous.		Au centre des pâturages communaux.	Pâturages communaux
Poligny............	200	300	900	Point central entre	Poligny, Villeneuve, les Forestous.			
Les Infournas,...	30	120	1300	Aux Infournas.				
Benévent et Char-billac.	150	250	2000					
Ambessagne.....	200	300	2000	A Chauffayer.	Aubessagne, Chauffayer.			
Les Costes......	200	300	1000	A Maisseret.	Maisseret, Messabert, Villaret, les Courts.			
Saint-Etienne...	85	175	800	A Saint-Etienne.	Saint-Etienne, Gière, le Pin, Ferrière, le pré Treiziand, les Cippières, l'Enclus.			
Saint-Didier.....	50	102	7000					
Agnières........	50	100	6000	A Agnières.	Manbourg, la Couche, le Champ, les Mégèves, l'Adroit, la Garcine.			
Aspres-les-Corps.	»	160	4500	A Aspres, Aux Vachers.	Aspres, Brudoux, Les Vachers.			

(1) Les autres hameaux seront desservis par la fruitière créée en 1877 aux Tourengs.

| NOMS des COMMUNES. | NOMBRE DES EXISTENCES actuelles en | | | FRUITIÈRES DEVANT SERVIR | | | | | |
| | Bœufs ou génisses. | Vaches laitières. | Moutons ou brebis. | TOUTE L'ANNÉE. | | EN ÉTÉ. | | EN HIVER. | |
				Emplacement.	Localités à desservir.	Emplacement.	Localités à desservir.	Emplacement.	Pâturages à desservir.
Saint-Firmin....	172	277	2000	A Saint-Firmin. Aux Préaulx, à l'Esparcelet.	Saint-Firmin le Broux, le Villard, la Faurit. Les Préaulx, l'Esparcelet.				
Saint-Jacques...	30	120	600	A Saint-Jacques.	St-Jacques, le Séchier, Lallé, Entrepierre, St-Maurice, le Roux, les Garrets, la Tour, Labac, Longis.				
Saint-Maurice...	30	120	2100	Près du Pont sur la Séveraisse.				A Prantieq.	De Prantieq.
Clémence d'Ambel (1)........	29	77	600	A Navette.	Navette.			Aux Pâres, aux Plans.	Montagnes des Pâres et des Plans.
Guillaume Peyrouse.........	30	126	1000					A Gioberney, à Surrette, à Vallonpierre.	Montagnes de Gioberney Surrette et Vallonpierre.

(1) Une fruitière existe depuis 1877 à Clémence-d'Ambel, et dessert en même temps Guillaume-Peyrouse.

VI. DE L'EXPLOITATION LA PLUS LUCRATIVE DE L'ESPÈCE OVINE.

Il y a dans nos Alpes des pâturages escarpés et secs, à herbes très courtes et dures, d'autres encore dont le regazonnement est plus ou moins difficile, où toute tentative de substitution du gros bétail aux bêtes à laine serait contraire aux indications naturelles et doit être, par conséquent, écartée. Quelle est l'exploitation ovicole la mieux appropriée à ces terrains? c'est ce que nous allons maintenant rechercher.

L'exploitation la plus convenable sera la plus conservatrice ou, plutôt encore, la plus améliorante, et, par suite, celle qui poussera le plus vivement les propriétaires à nourrir abondamment leurs bêtes ovines, attendu que la nécessité d'un régime alimentaire substantiel au pâturage entraîne forcément à une réglementation sérieuse.

Ce n'est pas la recherche de la laine qui engendrera ce résultat; il est vrai que sa production dépend de l'état constitutionnel de l'animal et de l'ensemble des conditions d'hygiène et de nourriture auxquelles il est soumis; mais, suivant certains auteurs, 1 kilogramme de laine nécessite trois fois plus de fourrage qu'un kilogramme de viande, c'est-à-dire que la laine coûte trois fois plus cher en substances végétales que la viande (1). Selon d'autres, parmi lesquels M. Villeroy, il n'est pas possible de déterminer d'une façon si précise la relation entre la quantité de laine produite et la consommation; toutefois il est certain que « l'on ne peut augmenter ce produit au-delà d'une certaine proportion en augmentant la nourriture ». Ceci explique pourquoi la production de la laine apparaît aux

(1) *Journal de l'agriculture* du 20 janvier 1878.

cultivateurs qui s'y livrent comme beaucoup plus indépendante de la nourriture que celles de la viande et du
lait, et pourquoi ils tendent à surcharger les pacages qui y
sont affectés, s'imaginant que, bien ou mal nourris, leurs
moutons donneront à peu de chose près la même quantité
de marchandise.

L'engraissement favoriserait évidemment davantage
l'application de bons règlements ; seulement nous avons
vu que des événements économiques nouveaux le rendent
peu avantageux dans les Hautes-Alpes, nous l'éliminerons
encore.

Quant à la production du laitage, qui traduit sans cesse
en quelque sorte le bien-être ou le malaise du bétail,
qu'il s'agisse de vaches ou de brebis, elle invite toujours
les cultivateurs à diriger intelligemment l'exercice du
pâturage.

C'est elle, croyons-nous, pratiquée de la façon suivante
qui conviendrait le mieux dans les Hautes-Alpes aux terrains à réserver exclusivement au petit bétail : le lait des
brebis devrait être manipulé sur les montagnes et descendu
sous forme de tomes au fond des vallées, dans des caves
où les fromages subiraient l'opération de l'affinage. C'est
là le genre de fabrication adopté depuis des siècles aux
environs de Roquefort et qui fait aujourd'hui la fortune
d'une partie de l'Aveyron, où il a atteint un degré de
prospérité qu'ont décrit une foule d'agronomes avec des
sentiments d'admiration souvent enthousiaste. Il est in-
structif de suivre les phases de son extension dans ce
pays. Au siècle dernier, le nombre des brebis laitières qui
paissaient sur le plateau de Larzac était de 50 000, et chaque
brebis produisait 8 à 9 kilogrammes de fromage au plus.
Aujourd'hui le nombre des brebis est de 250 000, et chacune rapporte au moins 14 kilogrammes. Une somme de

5 millions de francs est distribuée annuellement par la société des *Caves réunies*, de Roquefort, aux cultivateurs de la région et 3 autres millions sont produits par la laine, la vente des brebis réformées et celle des agneaux. Dans les vallons, les céréales ont fait place à des prairies artificielles, et sur les plateaux, à celles-ci ont succédé des prairies naturelles et des pâturages. « La situation de cette industrie, dit M. Robinson, est vraiment saisissante ; elle prouve une fois de plus de la façon la plus évidente ce que l'agriculture peut enfanter quand elle s'appuie sur des éléments naturels et qu'elle est poussée dans cette voie par des principes d'association simples et moraux, comme ceux qui président au grand mouvement qui se produit dans ce petit coin de l'Aveyron, où règne une des plus belles et des plus florissantes industries agricoles dont la France puisse s'enorgueillir » (1). La race du Larzac ne se faisait primitivement remarquer que par sa rusticité, supportant pendant la mauvaise saison les plus rigoureuses privations après avoir joui pendant l'été d'une nourriture succulente. Elle ne se perfectionna que lorsque le pays, s'associant au courant qui propageait les prairies artificielles, trouva le moyen d'améliorer le sort de ces animaux. La sélection et des croisements avec les races mérine et languedocienne achevèrent, avec l'abondance de la nourriture, d'embellir ses formes et d'augmenter la quantité de lait. Du côté de la production laitière, des progrès surprenants ont été accomplis depuis trente ans. D'après M. Cadilhac, vice-président du comice agricole de la Cavalerie (2), on comptait autrefois dix brebis pour pro-

(1) *Les Corps gras alimentaires*, par M. A. Robinson, professeur de chimie à l'Association polytechnique.

(2) *Journal d'agriculture*, numéro du 14 octobre 1876.

duire 50 kilogrammes de fromages ; aujourd'hui, on n'en compte plus que trois dans les troupeaux bien administrés, même en laissant teter les agneaux pendant deux mois. M. Cadilhac cite un troupeau de treize bêtes dont chacune a fourni :

En fromages, 31ᵏ,215 à 120 francs les 100 kilogrammes...................................	37 fr. 45
En laine, 3 kilogrammes à 130 francs les 100 kilogrammes................................	5 40
Plus, un agneau vendu au boucher quelques jours seulement après sa naissance, 6ᵏ,500 de viande à 80 francs les 100 kilogrammes..	5 20
	48 fr. 05

« A Roquefort, comme dans le Jura, dit M. Barral (1), le commerce trouvant des produits d'une facile exportation et d'une vente certaine, l'industrie fromagère a prospéré de plus en plus, et il en est résulté de très grands progrès pour l'agriculture locale, progrès qui consistent surtout dans l'amélioration des herbages et dans une production plus grande de fumier, d'où il résulte l'accroissement général de toutes les récoltes. »

La même cause produirait évidemment les mêmes effets dans les Hautes-Alpes. D'ailleurs, ce qui porte à recommander le développement chez elles de l'industrie de Roquefort, c'est qu'elle y prospère déjà sur un point dans des conditions telles que l'on peut prédire un succès des plus satisfaisants aux vallées qui tenteraient une pareille innovation. En 1840, deux habitants du Queyras, MM. Bertrand et Gorlier, firent construire à Aiguilles une cave sur le modèle de celles des environs de Roquefort. Cette

(1) *Journal d'agriculture*, numéro du 24 janvier 1877.

cave comprend trois étages où séjournent successivement les fromages ; de longs couloirs et des soupiraux nombreux établissent des courants d'air favorables à la fermentation ; en même temps le suintement de plusieurs sources développe le degré d'humidité nécessaire. L'approvisionnement se pratique comme dans l'Aveyron ; cinq communes y concourent : Arvieux, Château-Ville-Vieille, Aiguilles, Abriès et Ristolas ; les tomes sont préparées dans les maisons particulières ou dans les fruitières du pays et ramassées deux fois par semaine par un employé qui les place dans des caisses à compartiments pouvant contenir douze pièces. On cherche autant que possible à ne recevoir que du lait de brebis, et il était de règle, il y a quelques années, de n'accepter que le lait des propriétaires nourrissant une vache au plus pour dix brebis. Mais la race bovine ayant pris plus d'importance dans le Queyras, le règlement a dû fléchir ; on admet aujourd'hui le lait de vache dans une plus forte proportion. Les tomes provenant des fruitières de fromages bleus sont les plus estimées, parce que dans ces fromageries la séparation est faite avec soin entre le lait de vache et celui de brebis. Le fabricant paye le lait de brebis pur à raison de 100 à 120 francs par 100 kilogrammes de fromage et 95 à 100 francs les produits de lait mélangé. Le travail des caves dure du 1er mai au 1er novembre ; il est opéré par trois femmes, dont une venue de Roquefort à la fondation ; les deux autres sont des élèves formées par la première. La production est de 200 quintaux métriques par an, et le chiffre d'affaires s'élève à 30000 à 40000 francs ; les produits sont exportés dans toute la France et atteignent quelquefois le prix de 220 francs les 100 kilogrammes. Les vrais roqueforts se vendent 280 francs. Si l'on réfléchit aux avantages que retire la fabrication aveyronnaise de leur antique renommée et d'une très ancienne pratique, éléments de succès qui manquent encore à la fabrique d'Aiguilles, on sera sans doute d'avis que ces différences de prix sont relativement faibles et permettent d'espérer voir un jour le roquefort des Alpes rivaliser avec son congénère du Larzac.

Les brebis qui alimentent les caves d'Aiguilles rapportent 8 francs en fromages ; elles produisent, après le sevrage de leur agneau, 37 litres de lait, de sorte que le lait est vendu 22 centimes. Le rendement total annuel de ces brebis pour les propriétaires qui les conservent toute l'année consiste, outre le fromage valant 8 francs, en laine pour 3 fr. 50 et un agneau qui se vend aussi 3 fr. 50 ; total, 15 francs. La quantité de fourrage consommé étant de 450 kilogrammes par an, le quintal se trouve payé à 3 fr. 33, chiffre plus élevé que tous ceux antérieurement trouvés concernant les moutons.

On voit que si des brebis laitières étaient envoyées dans les parcours les plus ardus au lieu de moutons de Provence, elles rapporteraient infiniment plus que ceux-ci ; mais il existe une difficulté semblable à celle qui se présente pour les vaches : il faudrait pouvoir conserver ces brebis en hiver au pied des montagnes qu'elles pâtureraient en été, ou non loin de là. On n'y arrivera que par la création de nouvelles prairies naturelles ou artificielles ; c'est donc encore le progrès des irrigations autour des stations hivernales qui décidera de la mise en pratique de la méthode d'exploitation si avantageuse dont nous venons de parler.

VII. DES CANAUX D'IRRIGATION DANS LES HAUTES-ALPES.

On a vu par ce qui précède les heureuses conséquences qu'engendrerait dans nos montagnes l'agrandissement des prairies au moyen de l'irrigation : c'est le progrès capital que j'ai eu sans cesse présent à la pensée. Je terminerai cette étude par un rapide exposé des canaux déjà existants, de leur fonctionnement, et de ceux en voie d'exécution ou projetés dans les Hautes-Alpes.

La création des canaux actuels, qui, suivant une statistique dressée en 1843 par M. Nadault de Buffon, arrosent 13 250 hectares, remonte à des dates lointaines : quelques-uns sont attribués aux Sarrasins; les autres, pour la plupart, furent construits sous les Dauphins. Tous appartiennent à des associations de propriétaires constituées en syndicats réguliers ou en sociétés civiles, en vertu de titres, de conventions ou de simples usages. La jouissance des eaux varie avec les régions : dans le Gapençais et l'Embrunais, elle est proportionnelle aux surfaces possédées. Dans l'arrondissement de Briançon, elle dérive des droits acquis par ceux qui prirent part à la construction des ouvrages ; elle s'évalue en heures et est indépendante du fonds ; les droits à tant d'heures d'arrosage sont transmissibles sans la terre, de sorte qu'un cultivateur qui convertit un champ en pré peut acquérir des droits à l'arrosage d'un voisin qui ferait une opération inverse. Des *prayers* assermentés sont préposés à la garde et à la distribution des eaux et dressent des procès-verbaux contre ceux qui les enfreignent. Les *cours* d'irrigation, c'est-à-dire l'intervalle nécessaire pour arroser entièrement le périmètre où les eaux peuvent se répandre, commencent en juin et durent une ou deux semaines, chaque jour se divisant en seize heures. Cette organisation, fondée le plus souvent uniquement sur la coutume et la tradition, donne lieu quelquefois à des procès, mais ordinairement les difficultés sont tranchées par le *béalier* (1) ou directeur du canal à qui appartient le droit de punir les contrevenants en imposant des journées de travail ou de légères amendes. Ce résumé succinct des pratiques relatives à l'arrosage fait ressortir l'esprit de solidarité et d'association qui anime déjà les populations des Hautes-Alpes et les a préparées de longue date à l'adoption de nouveaux progrès dans le même sens, pour peu qu'on les y pousse.

Un travail, dont les magnifiques résultats ont contribué vivement à imprimer de nos jours une impulsion nouvelle à la question des eaux, mérite une mention particulière. Il est dû à François des Herbeys. Après avoir servi dans l'artillerie sous Louis XV, le châtelain des Herbeys s'adonna complètement à l'agriculture : il réussit à transformer l'entrée déserte et stérile du Valgodemar en un coin de terre riant et riche, par une dérivation de la Séveraisse. Le canal qu'il créa arrose, sur une longueur de 28 kilomètres, 300 hectares appartenant à trois communes : Saint-Jacques, Aubessagnes et les Costes. Les eaux y furent introduites, pour la première fois, le 4 octobre 1773. D'après Farnaud, les terres arrosées ne valaient alors que 46800 francs ; en 1821, époque de la publication de son écrit, elles avaient acquis déjà une valeur de 1444000 francs, et le capital d'établissement n'avait été que de 75000 francs.

En 1849, le gouvernement créa un service hydraulique. Depuis lors, les tendances des populations furent secondées par des subventions. De grands canaux devant arro-

____

(1) Du nom de *béal*, synonyme de cana'.

ser 11500 hectares (1) furent entrepris par l'administration des ponts et chaussées et sont presque terminés. Parmi eux figure celui de Gap, remarquable à la fois par son importance agricole et la hardiesse de son exécution. Destiné à fertiliser les territoires de quatorze communes et commencé en septembre 1864, il amène depuis deux ans les eaux du Drac, affluent de l'Isère, dans le bassin de la Durance; la branche mère, d'une longueur de 17 kilomètres, franchit une montagne sous un tunnel de 3600 mètres, à la sortie duquel les eaux se partagent entre deux autres branches d'un développement de 50 kilomètres; le nombre d'hectares arrosables est de 4000 et le débit doit atteindre, après le colmatage de la cuvette, 40 hectolitres par seconde.

La construction de quinze autres canaux qui irrigueront 7000 hectares (2) a été étudiée par la même administration.

Il y aurait en outre à ouvrir une foule de canaux d'ordre inférieur aux précédents, que savent indiquer les simples cultivateurs, lorsqu'on les interroge sur les améliorations réalisables dans leur commune. Pensant qu'il peut être utile de faire connaître ceux qui m'ont été signalés de cette manière, je vais en exposer le tableau en y joignant la nomenclature de plusieurs anciens canaux abandonnés dont la réparation est urgente.

(1) Surface extraite des rapports des ingénieurs des ponts et chaussées au conseil général depuis 1870.
(2) *Idem.*

NOMS des COMMUNES	CANAUX ABANDONNÉS à restaurer			CANAUX À CRÉER			COURS D'EAU devant alimenter les canaux.	RENSEIGNEMENTS DIVERS.
	Nombre.	Longueur.	Étendue arrosable.	Nombre.	Longueur.	Étendue arrosable.		
		kil.	hect.		kil.	hect.		
Le Monestier............	Divers	»	150		»	»		150 hectares des prairies du Lautaret à arroser par de nombreuses dérivations.
La Salle et Saint-Chaffrey.	4	3	30	»	»	»	Le Tabuc.	
	2	»	»	1	»	200	La Guisanne.	De la Salle à Saint-Chaffrey, en dérivant la Guisanne au Monestier.
Névaches...............	1	2	50	»	»	»	Torrent de Vallon.	Sur la rive gauche de la Clarée.
	1	2	30	»	»	»	La Clarée.	Sur la rive droite de la Clarée.
Mont-Genèvre..........	1	1	10	»	»	»	La Doire.	A l'est du mont Genèvre.
	1	2	98	»	»	»	La Durance.	Rive droite, direction du village des Alberts.
Cervières..............	»	»	»	1	4	100	La Cerveyrette.	Des Aittes-Basses à l'Orphe.
Villard-Saint-Pancrace...	»	1	30	»	»	»	*Id.*	
	1	1	30	»	»	»	Ruisseau des Ayes.	
St-Martin de Queyrières..	2	3	80	»	»	»	Torrents divers.	
L'Argentière...........	1	1	80	»	»	»	Le Fournel.	Restauration de l'ancien canal dit *de l'Eglise.*
				1	1,5	30	*Id.*	Prolongement du canal dit *de l'Échaillon* de la Blachière à Plandergue.

				1	1,0	10	La Durance.	...des propriétés de Lubac et du plan des Liothauds. Rive gauche. Canal destiné à l'arrosage des trois Bes-sée.
Les Vigneaux............	4	5	100	»	»	»	La Gyronde.	Canal à restaurer à partir de Grand Parchet, dégradé par les inondations de 1856 non entretenu depuis.
				1	6	150	Le Gyr.	De Rière-Pont à la Sagne.
Puy Saint-Vincent.......	1	1	50	»	»	»	Sources diverses.	Rétablissement de l'ancien canal des Jarres, construit du temps des Dauphins.
Vallouise...............	1	5	150	»	»	»	Le Gyr.	Rétablissement du Béal-Morin, ancien canal qui partait de la commune de la Pisse et arrosait des terres aux trois communes de la Pisse, de Vallouise et des Vigneaux.
Freyssinières...........	»	»	.	1	7	150	La Byaisse.	Rive gauche. Dérivation en dessous des Viollins à conduire jusqu'à Pallon.
				1	2	30	Id.	Rive droite, sous la forêt de mélèzes de Dormilhouse.
				1	1	20	Sources diverses.	Irrigation du quartier des Aigards.
Vars...................	»	»	»	1	2	200	Torrent du Vallon.	
Ceillac.................	»	»	»	1	4	60	Torrent de Christillan.	Du Villard à la Viste.
				1	4	50	Id.	Du Rioumier à la Casse.
				1	4	100	Id.	Du Bois-Noir aux Chal-mettes.
A reporter........			880			1100		

NOMS des COMMUNES.	CANAUX ABANDONNÉS à restaurer.			CANAUX À CRÉER.			COURS D'EAU devant alimenter les canaux.	RENSEIGNEMENTS DIVERS.
	Nombre.	Longueur.	Étendue arrosable.	Nombre.	Longueur.	Étendue arrosable.		
		kil.	hect.		kil.	hect.		
Reports.....	.....	»	880	.....		1 160		
Ceillac............	»	»	»	1	6	60	Torrent de Christillan.	Du Serre au Villard.
Château-Ville-Vieille.....	»	»	»	1	3,5	50	L'Aigue Agnielle.	De l'Aigue, en dessus de Ville-Vieille, au château Queyras.
Abriès............	»	»	»	1	2	30	Torrent de Péas.	De Charenton aux Platières.
				1	1,5	30	Le Guil.	Prolongement du canal de la Chalp à Ristolas, indiqué plus loin.
				1	2	40	Torrent de Gaget.	Canal Malti, à prolonger du Roux dans la direction de Valpreveyre.
				1	1	20	Torrent de l'Alpet.	Canal à construire dans la direction du Roux.
				1	6	300	Torrent de Golon.	Du Roux à Malriff.
				1	3	60	Torrent de Malriff.	Dérivation à la jonction de la branche des Clausis et de la branche du Lac.
Ristolas............	»	»	»	1	5	40	Le Guil.	Prolongement du canal de la Chalp.
				1	4	30	Torrent de Ségure.	
Aiguilles............	1	6	100	»	»	»	Torrent de Malriff.	De Malriff au Lombard.

							Cours d'eau.	Observations.
Châteauroux..................	»	»	»	1	2	60		Canal du Viviers destiné à réunir les égouts des autres canaux.
				1	0,5	10		Agrandissement du canal du Chapelet.
Crévoulx...................	»	»	»	1	3	80	Torrent de Crévoulx.	De la Chalp dans la direction de Praveyral.
Orcières..................	1	6	400	»	»	»	Torrent du Grand Lac.	Irrigation des prairies des Estaris, des Baniauls, des Plautus et des Marches.
				1	4	80	Le Drac.	Irrigation des terres de Bousensayes, des Roussirs et des Tourengs.
			1 420			2 050		

Total :   3 470 hectares.

Ajoutant : 7 000   *id.*   inscrits dans les projets de l'administration des ponts et chaussées,

13 500   *id.*   compris dans la statistique de 1843,

11 500   *id.*   se rattachant aux travaux en cours d'exécution.

On obtient : 35 470 hectares qui représentent la totalité des surfaces susceptibles d'arrosage.

On pourrait donc, en définitive, arroser 10 400 hectares de plus qu'aujourd'hui. Je suppose les trois quarts de cette surface seulement cultivés en plantes fourragères et produisant 4 000 kilogrammes à l'hectare. Cette seconde hypothèse est très modérée. — M. Barral, dans une communication à la Société nationale d'agriculture en août 1879, a évalué la production possible dans les prairies des Hautes-Alpes avec de l'eau et du fumier à 6 000 kilogrammes. — D'après la base d'alimentatation adoptée plus haut, égale à 32 quintaux et demi par tête et par an, les prairies nouvelles pourraient alors subvenir à l'entretien pendant neuf mois de près de 13 000 vaches, chiffre deux fois supérieur à celui que nous avons trouvé nécessaire pour substituer aux bêtes à laine le gros bétail dans les pâturages d'été accessibles à celui-ci. D'un autre côté, les onze canaux construits depuis 1849 sont loin d'avoir exercé l'influence agricole qu'on en attend; si les branches principales en sont faites, les rigoles secondaires ne le sont pas encore toutes; sur les 11 500 hectares qu'ils doivent féconder, la moitié au plus profite en ce moment des eaux; aussi n'est-il pas exagéré de penser que les trois catégories de canaux dont j'ai parlé, canaux en construction, projetés ou à réparer, permettraient d'entretenir non pas seulement 13 000 vaches, mais au moins 20 000 au-dessus du chiffre actuel. Comme il y en a déjà 16 000 dans le département, on arriverait à 36 000 en tout.

Si nous recherchions maintenant les pelouses supérieures qui seront propres au parcours du gros bétail, une fois que la multiplication des canaux dans le bas aura permis la transformation en bons pâturages des prairies les plus élevées, nous trouverions sans doute pour tout le département 50 000 hectares capables de produire annuellement 4 quintaux l'un et de nourrir 24 000 vaches pendant les trois mois de belle saison, les 12 000 autres devant rester à l'étable toute l'année ; mais les moindres encouragements conduiront à améliorer la race bovine de façon à procurer par vache, sans augmentation de ration, un minimum de 200 francs au lieu de 154, chiffre arrêté précédemment, car il suffira pour cela d'obtenir de chacune 1 300 litres au lieu de 1 000. A ce taux, 36 000 vaches rendront 7 200 000 francs, qui, répartis entre les 107 000 habitants du département adonnés à l'agriculture, donneront par individu 67 francs en valeur presque nette, somme qui dépasse déjà le revenu que l'on retire aujourd'hui de toutes les espèces de bétail possédées.

Avec cette ressource, il restera encore 70 000 hectares de hautes pâtures à réserver aux moutons. Je leur attribue une production moyenne de 1 quintal et demi par hectare ; comme le mouton des Alpes pèse 36 kilogrammes et qu'il doit recevoir, ainsi que tous les ruminants, approximativement 3ᵏ,3 de foin pour 100 de son poids, soit 1ᵏ,188 par jour, cette surface sera à même de nourrir pendant trois mois 97 500 têtes ovines, et les vallées ne seront pas embarrassées de les hiverner : en effet, puisqu'il a été démontré que l'augmentation possible du nombre des vaches proviendrait uniquement de la création de prairies nouvelles, le pays aura toujours à sa disposition, en automne, en hiver et au printemps, la part de fourrages que déjà aujourd'hui il affecte aux moutons dans ces saisons, plus celle qui deviendra disponible par suite de la réduction du nombre des animaux de travail à laquelle conduira infailliblement l'agrandissement des cultures herbagères. L'industrie de Roquefort appliquée à ces 97 500 bêtes ovines produirait au minimum 1 200 000 francs.

Tel est l'avenir pastoral que le développement des syndicats d'irrigation et des associations fruitières permettrait de réaliser.

Malgré les bienfaits de l'arrosage, les projets d'irrigations se heurtent fréquemment à des obstacles difficiles à surmonter ; tantôt des propriétaires rapprochés de la prise d'eau refusent de concourir aux dépenses dans la même proportion que les autres, se fondant sur un principe faux, car, au fur et à mesure qu'on s'éloigne, le nombre d'hectares arrosables augmente et la dépense diminue pour chacun ; d'autres essayent d'éviter tout aléa, se proposant de payer un droit à l'arrosage une fois le travail achevé ; d'autres voudraient se faire exproprier, d'autres espèrent profiter sans frais des eaux d'égout. La mesure la plus efficace pour vaincre désormais des difficultés semblables serait l'assimilation des travaux d'irrigation assez importants pour être reconnus d'utilité publique aux travaux de défense contre les eaux, de desséchement de marais ou d'assainissement, pour l'exécution desquels la loi du 21 juin 1865 permet à une majorité d'imposer sa volonté à une minorité, tandis qu'en matière d'irrigations la même loi exige le consentement unanime des propriétaires du périmètre susceptible d'être irrigué. Cent dix-huit chambres d'agriculture, la Société des agriculteurs de France, la Société nationale d'agriculture, ont émis un avis favorable à cette modification ; un vœu dans le même sens a été également plusieurs fois exprimé dans les commissions parlementaires par l'une des voix les plus autorisées en matière de droit appliqué à l'agriculture, celle de l'honorable sénateur M. de Ventavon, que les Hautes-Alpes ont eu la douleur de perdre l'an dernier.

Parmi les objections contre la restriction des cultures de céréales et l'agrandissement des prairies que formule l'habitant de nos montagnes, on entend fréquemment celle-ci : « Si nous avions tant de prairies, que ferions-nous de notre engrais? Ce serait une énorme valeur perdue. » Il est aisé d'y répondre en s'appuyant sur les faits acquis dans la pratique des irrigations méridionales. Gasparin a dit : eau $\times$ chaleur $=$ végétation. M. Barral, rapporteur des derniers concours d'irrigation des Bouches-du-Rhône et de Vaucluse, a démontré qu'il manquait un facteur à cette formule et qu'il fallait poser : eau $\times$ chaleur $\times$ engrais $=$ végétation. « En fait, les arrosages ne sont très efficaces que sur les terrains très riches par eux-mêmes, ou bien que l'on enrichit par des fumures abondantes (1). » L'engrais du bétail des Alpes ne sera donc jamais mieux employé qu'en retournant sur les prés d'où il proviendra. Il y a longtemps d'ailleurs que l'expérience a conduit à l'adoption de ce système sous les climats les plus divers ; exemples : en Belgique, dans le pays de Herve ; en Suisse, dans l'Oberland ; en Lombardie, dont les fameuses *marcites*, recouvertes d'engrais en automne, puis inondées, produisent, grâce à ce procédé, de 12 000 à 16 000 kilogrammes de foin par hectare.

M. Cézanne, frappé de l'intimité qui, dans les Alpes, unit les questions d'irrigation, de gazonnement et de boisement, pensait qu'un même service devrait être chargé en France des *Canaux, Pâturages et Forêts* (2). Cette organisation sera-t-elle jamais réalisée ? Rien ne le fait prévoir. Mais les avantages qu'apercevait M. Cézanne seraient obtenus, au moins en grande partie, d'une simple participation commune des deux administrations des ponts et chaussées et des forêts à l'étude des canaux. Ce concert conduirait à envisager les projets d'irrigation sous tous les points de vue. Dans les Alpes, on n'arrose pas les céréales ; tout projet d'irrigation a, partant, pour objet de

---

(1) *Les Irrigations de Vaucluse en* 1876, p. 3. J.-A. Barral.
(2) *Etude sur les torrents des Hautes-Alpes*, t. II, p. 249.

créer des prairies, c'est-à-dire d'opérer un vrai gazonnement facultatif; d'autre part, les vallées sont extrêmement étroites et les périmètres à arroser sont presque
exclusivement situés sur des terrains en pente. L'administration des forêts se trouve donc déjà autorisée à ajouter
des subventions à celles du ministère des travaux publics
à peu près dans tous les cas, en vertu des articles 1er de la
loi du 28 juillet 1860 et 2 de la loi du 8 juin 1864 actuellement en vigueur ; elle le sera plus formellement encore
par l'article 5 du nouveau projet de loi adopté au Sénat,
qui embrasse toute espèce de travaux relatifs à l'amélioration et à la consolidation des sols montagneux.

De 1869 à 1875, le ministre des travaux publics accor-
dait aux syndicats des Hautes-Alpes des subventions égales
aux deux tiers des dépenses; depuis cinq ans, bien
qu'aucun principe ne soit établi, on les réduit d'habitude
à la moitié. L'administration des forêts, en allouant un
sixième, ramènerait l'ancien usage, qui était très stimu-
lant, et cela l'aiderait dans bien des cas à triompher des
difficultés que rencontrera la réglementation des pâturages
communaux projetée. Quelle opposition, en effet, pourrait
raisonnablement soutenir une commune à restaurer, si
on lui disait : Nous voulons, cela est vrai, supprimer tem-
porairement le pâturage de tant de moutons et de chèvres
sur telle contenance de vos montagnes presque ruinées,
dont vous usez cependant durant trois ou quatre mois ;
mais il est entendu avec les ingénieurs qu'en compensation on vous payera les deux tiers des frais de construction
d'un canal qui vous procurera pour toute l'année la nourriture de cinq à six fois plus de bétail qu'il vous en faut
retrancher, ce qui vous permettra de recueillir, des terrains que vous conserverez à l'état de labours, plus de
grains qu'aujourd'hui par suite d'un surcroît d'engrais, et

en somme dans peu de temps d'obtenir plus de produits de toutes sortes avec infiniment moins de peine.

Une autre œuvre, le colmatage des terrains arides à proximité des cours d'eau, serait aussi extrêmement productive et se rattache également à l'ordre d'idées auquel nous nous sommes attaché, le développement des systèmes de culture intensive dans les plaines et vallées pour faciliter l'aménagement des montagnes. M. Costa de Bastelica, ancien conservateur des forêts à Gap, a consacré un chapitre à ce moyen d'utilisation des eaux dans son savant ouvrage sur les torrents et a fait ressortir les incalculables bénéfices que procurerait une telle opération dans les bassins de la Durance et des autres rivières du département.

L'intervention du service des reboisements en matière d'irrigations et de colmatage dans les Alpes est presque une nécessité. Il n'est pas non plus, je le crois, d'autres travaux capables de mieux et même d'aussi bien répondre aux intentions exprimées naguère par le premier président du conseil d'administration des forêts au ministère de l'agriculture, dans cette phrase qui contient tout un programme aussi séduisant que large : « Il faut que le service des forêts et celui de l'agriculture... se pénètrent l'un l'autre pour ainsi dire et, se prêtant un mutuel appui, reçoivent une impulsion nouvelle dans le sens du progrès et du bien-être général (1). »

VIII. CONCLUSION.

Les faits exposés mettent en lumière :

1° Les difficultés qu'éprouve la classe rurale des Hautes-

(1) Lettre de M. Girerd, sous-secrétaire d'État, à M. le ministre de l'agriculture en date du 25 mars 1878.

Alpes, sous les régimes agricole et pastoral actuels, de constituer des épargnes et des capitaux, par conséquent de vivre à l'aise et de réaliser des progrès quelconques;

2° Le remède qu'apporterait infailliblement à cette situation l'agrandissement des herbages par la construction d'un vaste réseau d'irrigations;

3° L'influence particulière qu'exercerait une industrie laitière perfectionnée, vu la situation du pays et les conditions économiques auxquelles il est soumis, sur la rapidité de l'extension si désirable des prairies, les soins à leur donner, l'amélioration et la réglementation des pâturages;

4° Les considérations d'intérêt général et de justice distributive qui motivent des subventions de l'État, en vue de seconder et de hâter l'exécution de tous projets d'améliorations pastorales.

L'opinion et les pouvoirs publics se montrent à l'heure présente très favorables aux réformes proposées. Il est donc permis d'espérer que bientôt on verra, sous leur active impulsion, s'établir dans les Hautes-Alpes un courant commercial puissant, basé sur l'exportation de produits spéciaux à leur sol, en retour desquels elles recevront des denrées qu'autre part on obtient à bon marché, mais ruineuses chez elles. Et sans doute ressortira-t-il de cette heureuse transformation une éclatante et nouvelle démonstration de cette encourageante vérité formulée par Léonce de Lavergne, à propos d'une autre contrée française également âpre et rude : « Les pays de montagne, qui paraissent disgraciés et qui le sont, en effet, tant que la population est forcée de chercher sur place les moyens de se nourrir, jouissent, au contraire, d'un véritable privilège dès que les échanges s'établissent. »

TABLE ANALYTIQUE DES MATIÈRES

Pages.

Abus du pâturage dans les terrains communaux 32
Aiguilles (Fabrique de fromages, façon roquefort, à) 124
Alliance de l'agriculture et de l'industrie 83
Aménagement désirable des prairies 28
Associations laitières 71
Avenir pastoral des Hautes-Alpes 134
Bétail (Population du) 40
Bœufs (Engraissement des) 63
Brebis laitières du Briançonnais 49
But de l'étude 1
Canal des Herbeys. 128
Canaux à créer 130
 — divers. 129
 — d'irrigation (Règlements des) 127
Capital d'installation et de roulement affecté à la terre .. 9
 — foncier (Revenu du) 9
Capitaux recueillis par l'émigration à Abriès 11
Centime additionnel (Valeur du) 9
Céréales (Rendement des) 9
Chalets-étables 101
Chemin de montagnes pastorales à Abriès (Avantages
 réalisés par un) 103
Chevaux et mulets nécessités par les procédés d'exploita-
 tion actuels du sol 30
Chèvres (Les) 57
Climat (Sécheresse du) 8
Comparaison entre la production de la viande et celle du
 laitage eu égard à la nature des productions herbagères. 68

Pages.

Colmatage des terrains incultes.............................. 139
Conclusion. 139
Débouché pour les produits actuels du sol (Difficulté du). 13
Dépense nécessaire pour transformer le régime pastoral. 111
Dévoluy (Les moutons dans le).............................. 47
Division extrême du sol...................................... 12
Emigration en Algérie....................................... 20
    — hivernale (Nécessité de l')...................... 8
Engraissement, concurrences nouvelles...................... 66
    — des bœufs...................................... 65
    — des moutons.................................... 45
Foin (Rendement du) par le mouton.......................... 45
    — — par la vache.................................. 65
Fourrages en nature (Exportation des)...................... 70
Fromages (Fabrication des)................................. 62
Fruitières anciennes.. 104
Fromages (Avantages de la fabrication des)................ 76
Fruitières dans l'avenir (Rendement possible des)........ 104
    — (Débouchés des)................................ 88
    — définition; organisation...................... 71
    — (Effet des).................................... 76
    — d'hiver....................................... 99
    — d'été... 99
    — d'hiver et d'été à créer dans les Hautes-Alpes (Etat statistique des)............ 112
    — existantes.................................... 93
    — nouvelles..................................... 96
Géologie des Hautes-Alpes. — Description succincte.... 6
Industrie laitière. — Ses progrès en général............. 72
Infériorité du rendement laitier (Causes de l')........... 58
Influence de la production de la laine, de la viande et du lait au point de vue de l'amélioration des montagnes.. 121
Introduction dans les Hautes-Alpes de l'organisation laitière du Larzac... 122
Irrigations proposées (Résultats à espérer des)........... 134

Paris.

Irrigations (Obstacles que rencontrent les projets d'). —
  Moyens de vaincre ces obstacles.... 136
Intervention du service des reboisements en matière d'ir-
  rigations et de colmatage. 139
Laine (Production de la). 52
Lait converti en fromage (Rendement du)............. 61
Lait employé à l'alimentation des veaux (Rendement du). 63
Larzac (Produit des brebis du)........................ 124
Misère rurale (Exemple d'extrême)................... 86
Montagnes pastorales où la substitution des vaches aux
  moutons peut avoir lieu (Etat statistique des).......... 109
Moutons (Commerce des)......................... . 41
  —   de Provence........................ 54
  —   (De l'exploitation la plus lucrative des)........ 121
  —   (Effets du pâturage des).................... 30
  —   (Engraissement des). 45
  —   (Nombre des). — Observations............... 40
  —   (Rendement des)....................... 44
Pastorale (Avantages de la culture).................. 14
Pâturages de printemps et d'automne.................. 30
  —   d'été. 31
Plantes fourragères, préférence qu'elles méritent........ 11
Population (Questions de)........................ 12
Prairies artificielles, naturelles et pâturages (Etendue des). 21
  —   (Exploitation des)........................ 22
  —   (Epoque du fauchage des)..... 27
  —   (Frais d'exploitation des). 24
Prairies hautes, leur transformation en pâturage........ 26
  —   mode d'exploitation en Suisse.......... 38
Prés-bois....................................... 23
Réformes pastorales............................. 33
Rendement des moutons......................... 44
  —   du bétail.— Méthode adoptée pour le calculer. 42
  —   du lait en argent........................... 61
  —   du lait employé à l'alimentation des veaux... 63

Pages.

Rendement du laitier à Freyssinières..................... 36
Revenus comparés d'une montagne exploitée avec des va-
ches et avec des moutons transhumants.............. 107
Sociétés coopératives de consommation...... 38
Sol, agriculture et population..................... 5
Sols des Hautes-Alpes (Propriétés végétales des)......... 7
Subventions aux irrigations par l'administration des forêts. 138
— gouvernementales dans les Alpes (Justifica-
tion des)............................... 111
Superficies irrigables..................... 134
Taxes pastorales..................... 35
— élevées (Effets des)............. 35
Torrents (Pertes occasionnées par les). 9
Travaux excessifs de la population.................... 36
Transhumance dans le département.................. 41
— de Provence....................... 34
— moyens de l'abolir........ 57
Vaches, défaut de soins..................... 59
— (Rendement du foin par les)................. 65
— et des moutons (Rendement comparé des)..... 104

Paris. — Typographie A. HENNUYER, rue Darcet, 7.

REVUE

DES EAUX ET FORÊTS

ANNALES FORESTIÈRES

Journal des intérêts forestiers, paraissant le 10 de chaque mois, par livraisons de 64 pages d'impression grand in-8°, avec les gravures nécessaires à l'intelligence du texte.

La partie *législation et jurisprudence forestières*, qui forme tous les deux ans, un volume de 460 pages, est publiée sous la direction de M. Meaume.

PRIX D'ABONNEMENT :

PARIS ET DÉPARTEMENTS........ 15 FR.

UNION POSTALE...... 20

Chaque année, l'administration du journal publie l'**Annuaire des eaux et forêts**, contenant le tableau complet du personnel de l'administration des forêts, la liste des promotions de l'École forestière, le budget de l'administration des forêts et de nombreux documents statistiques. Prix : 2 fr.75.

OUTILLAGE FORESTIER

SIMONIN BLANCHARD & Cⁱᵉ

13, RUE FONTAINE-AU-ROI, PARIS.

Fabrique spéciale de marteaux forestiers.

Griffes pour marquer les arbres, sécateurs, compas forestiers, rubans d'acier, chaînes pour gardes et arpenteurs, outillage d'élagueur, etc..

Sécateur à recéper (manche bois, double tranchant) : le petit sécateur, de 60 centimètres, coupe un diamètre de 4 centimètres; le moyen, de 80 centimètres, coupe un diamètre de 5 centimètres; le grand, de 1 mètre, coupe un diamètre de 6 centimètres.

Paris. — Typographie A. Hennuyer, rue Darcet, 7.